蒲團子 著

陳攖寧仙學隨談 貳

心一堂

書名：**陳攖寧仙學隨談（貳）─讀書雜記、黃裳語道**
作者：蒲團子
責任編輯：陳劍聰

出版：**心一堂有限公司**
地址(門市)：香港九龍尖沙咀東麼地道63號好時中心LG 61室
電話號碼：(852)67150840　(852)34661112
網址：http://www.sunyata.cc
http://publish.sunyata.cc
電郵：sunyatabook@gmail.com
存眞書齋仙道經典文庫網上論壇：http://bbs.sunyata.cc/

版次：二〇一六年一月初版
平裝

定價：港　幣　一百二十八元正
人民幣　一百二十八元正
新臺幣　五百九十八元正

國際書號：ISBN 978-988-8316-83-0

香港及海外發行：**香港聯合書刊物流有限公司**
地址：香港新界大埔汀麗路三十六號中華商務印刷大廈三樓
電話號碼：+852-2150-2100
傳眞號碼：+852-2407-3062
電子信箱：info@suplogistics.com.hk

臺灣發行：**秀威資訊科技股份有限公司**
地址：臺灣臺北市內湖區瑞光路七十六巷六十五號一樓
電話號碼：+886-2-2796-3638
傳眞號碼：+886-2-2796-1377
網絡書店：www.bodbooks.com.tw

心一堂臺灣國家書店讀者服務中心
地址：臺灣臺北市中山區二〇九號一樓
電話號碼：+886-2-2518-0207
傳眞號碼：+886-2-2518-0778
網絡書店：www.govbooks.com.tw

中國大陸發行　零售：**心一堂書店**
深圳地址：中國深圳羅湖區立新路六號東門博雅負一層零零八號
電話號碼：+86-755-8222-4934
北京地址：中國北京東城區雍和宮大街四十號
心一堂店淘寶網：http://sunyatacc.taobao.com

善的十條真義

學理重研究不重崇拜
功夫尚實踐不尚空談
思想要積極不要消極
精神圖自立不圖依賴
能力宜團結不宜分散
事業貴創造不貴模仿
幸福講生前不講死後
信仰憑實驗不憑經典
住世是長存不是速朽
出世在超脫不在皈依

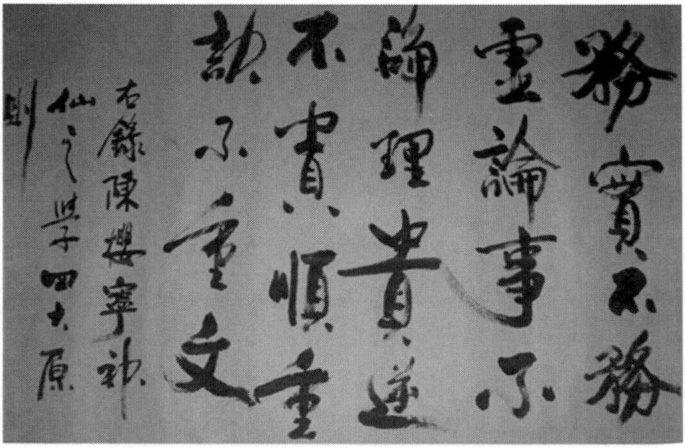

神仙學術四大原則

務實不務虛

論事不論理

貴逆不貴順

重訣不重文

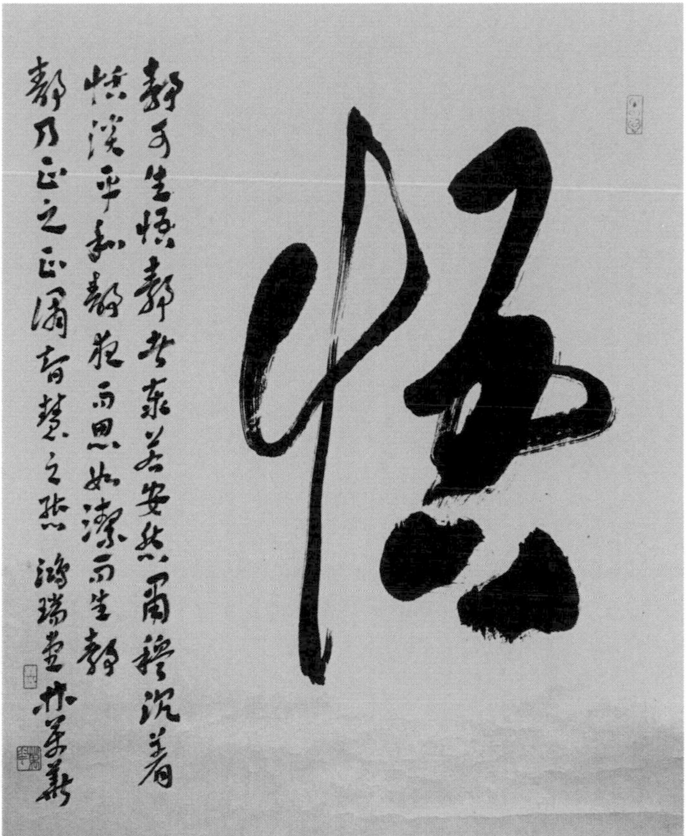

悟

（法書華萬林）

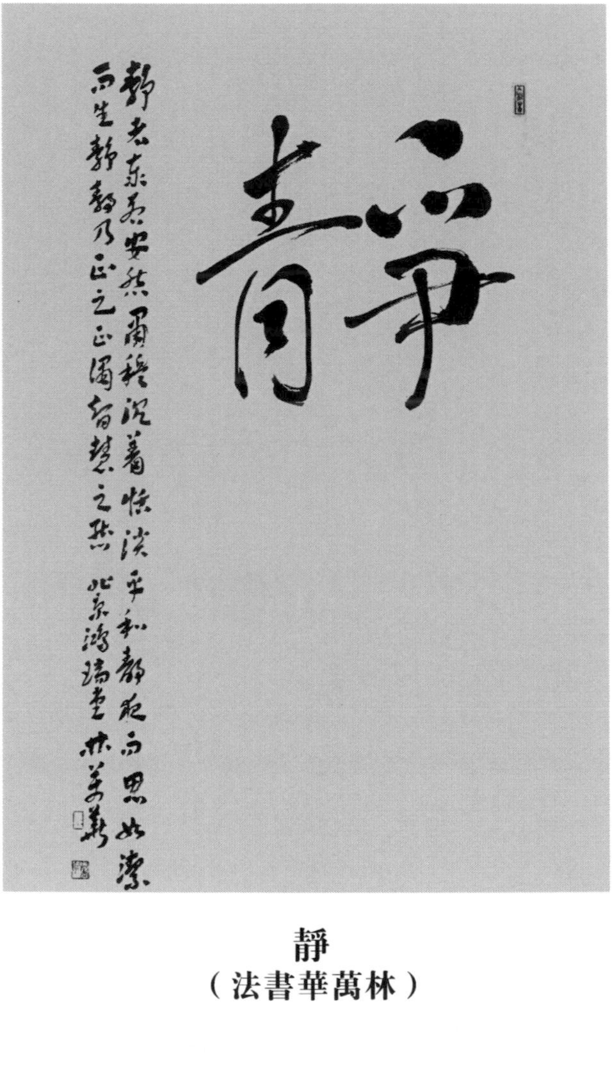

靜
（法書華萬林）

自序

陳攖寧先生曾經說過，修仙學道第一要義，是讀書窮理。古人也有「無不讀書之神仙」的說法。經常有朋友希望我推薦一些書目，或談談對一些典籍的看法。本書所選諸篇，即我讀書時所做的一些筆記，主要是對所讀書籍的認識及對其中一些經典內容的摘鈔、點評。全書分爲兩個部分：第一部分爲讀書雜記；第二部分爲黃裳語道。

讀書雜記共收錄五篇文章：一曰讀高鶴年名山遊訪記雜記；二曰讀蔣維喬先生因是子靜坐法著作雜記；三曰讀陳健民關於丹道論述雜記；四曰讀太虛法師閱陳攖寧孫女丹經註雜記；五曰清末外丹經輯著金火大成。

高鶴年居士是近代佛教中，以行脚參訪而聞名者；蔣維喬先生的因是子靜坐法，是近百年來，以科學理論爲指導，流行最廣的修養法之一。讀高鶴年名山遊訪記雜記與讀蔣維喬先生因是子靜坐法著作雜記兩篇文章，就是我閱讀此兩位先生著作時做的筆記。

讀陳健民的文章，緣於編寫龍虎三家「丹法」析判一書。因爲一些三家龍虎說的主張者，對陳健民頗爲崇拜，每每將陳健民之言論引入他們的丹道理論之中，故我在編寫龍虎三家「丹法」析判時也閱讀了陳健民一些丹道言論。讀陳健民關於丹道論述雜記，即是我對陳健民從道家的功夫談到密法的殊勝一文提出的一些不同看法。

一九三四年，陳攖寧先生的孫不二女丹詩註與黃庭經講義出版，其中孫不二女丹詩註中有涉及佛教方面的言論，爲太虛法師看到，其於一九三五年海潮音發表的閱書雜評閱陳攖寧孫女丹經註中，即對陳攖寧先生的部分言論提出了批評。讀太虛法師閱陳攖寧孫女丹經註雜記即是對太虛法師閱陳攖寧孫女丹經註一文之分析。

金火大成是清末李保乾編纂的一本外丹經集。清末外丹經輯著金火大成即是對金火大成一書的介紹。

黃元吉的道德經註釋與樂育堂語錄二書，自問世以來，一直備受關注。然由於黃元吉這兩本書是講義體裁，内容繁冗，前後反覆，不成系統。黃裳語道則是根據我當日的筆記，按修學須知、大道根源、修道規程、治身原理、玄牝之門、行功法要之次序，分類摘要。其間偶有一兩句我的看法，也僅是隨意發揮而已。

感謝篆刻家、書法家林萬華先生爲本書題寫書名，並感謝心一堂出版社與陳劍聰先生對本書出版提供的幫助。

二〇一五年十一月十三日蒲團子於存真書齋

目錄

讀書雜記

讀高鶴年名山遊訪記雜記

讀高鶴年居士名山遊訪記，緣於陳攖寧先生的文章。一九九五年前後，我開始閱讀陳攖寧先生的著作。因此，也開始正式瞭解陳攖寧先生及其倡導的仙學，並關注陳攖寧先生提到的書、提到的人。當看到陳攖寧先生讀高鶴年居士名山遊訪記一文時，發現陳攖寧先生不僅對高鶴年先生評價頗高，而且對其著名山遊訪記中不合理處提出了不同意見。我認爲，若非有深厚的友誼，是不會如此直言不諱的。故而，對高鶴年先生及其著作也產生了興趣。我對佛法没有研究，也没有意願在佛學上用過多的工夫，故當時並未刻意尋求高鶴年先生的名山遊訪記一書。

一次偶然的機會，購得一册名山遊訪記，是上海佛學書局黄色封皮的那種。由於這本書是簡體豎排，故而我重點看了四幅照片，即行禪圖、坐禪圖、立禪圖、臥禪圖上面陳攖寧先生的題詩及高鶴年居士草帽上的「慚愧」二字。至於内文，大概翻了一下，未發現其他跟陳攖寧先生相關的内容，就置之高閣了。後一位朋友告訴我，名山遊訪記中有關於陳攖寧先生的内容，讓我仔細找一找。我又草草翻閲一番，查閲了關於陳攖寧先生的幾段內容。

真正地認真閱讀名山遊訪記，是因爲看到一篇介紹陳攖寧先生的文章中，有陳攖寧先生名山遊訪記告讀者一文的名目事實上此篇原題戊子年改訂本名山遊訪記讀者須知，遂開始搜尋含有此篇文章的名山遊訪記版本。經過七八年的努力，通過各途徑，見到十多個版本的名山遊訪記，搜集了九個版本後又收集一種版本，共十個版本。最終從上海國光印書局一九四九年版中，看到了陳攖寧先生改訂本名山遊訪記之全貌及陳攖寧先生爲此書所作的讀者須知、篇目提綱兩篇文章。因此，也瞭解了這個版本的意義及其與陳攖寧先生的關係。我的老師胡海牙先生跟隨陳攖寧先生學習二十多年，我跟胡海牙老師也學習近二十年。我與胡海牙老師相處的這段時間裏，把研究陳攖寧先生及其仙學學術當作一項事業來做，故見到陳攖寧先生改訂本名山遊訪記後，遂有了重新校訂、整理的想法，後來也付諸行動。

在整理戊子年改訂本名山遊訪記的過程中，我不僅對高鶴年、陳攖寧二位大家虛懷若谷的品質及深厚的友誼深有感觸，也爲高鶴年先生悲心普運、苦行證悟、心繫蒼生的精神所感動。故此書出版後，我再次認真閱讀了一遍，並將我的一些看法與想法整理成文，或可作爲閱讀此書者之參考。

高鶴年先生及其名山遊訪記

中國近現代佛教人物誌載：「高鶴年，名恒松，字鶴年，號雲溪，以字行。江蘇興化縣人，清同治十一年一八七二年生。他是近代的佛教居士、佛教學者，同時也是一位史無前例爲朝山訪道而四出行脚的旅行家。」並謂：「高鶴年居士這種行脚生涯，前後過了三十五年之久，可稱爲空前絕後的徒步旅行家。」于凌波：中國近現代佛教人物誌．北京：宗教文化出版社，一九九五：三九七。

陳實高鶴年居士生平簡介云：「高鶴年居士，名恒松，號隱塵，字野人，别號終南侍者、雲山道人、雲溪道人。祖籍安徽貴池，後世遷於興化，復移劉莊，遂定居。生於清同治十一年一八七二九月十四日，歿於一九六二年正月初二日，終年九十一歲。」高鶴年．名山遊訪記．南京：江蘇省佛教協會，一九八六：三一三。

高鶴年自撰遺囑云：「余幼承庭訓，即知敬佛，及長而信心益篤，凡江浙著名各叢林、各善識，皆往瞻禮而親近焉。內人智氏宿有淨因，絕無夫妻常聚之癡心。及椿萱去世，余遂雲遊國內名山道場，或一二年、三五年而一歸。智氏亦潛修淨業，薄產所收，堪供衣食。余無内顧之憂，益逞曠觀之志。明紫柏大師日行三百餘里，凡天下名山聖道場地，無不瞻禮。余愧無紫柏之神足力，而蹩蹩跋涉，凡紫柏所到處，大都亦到，故有名山遊訪記之誌述。」高鶴年：名山遊訪記，南京：江蘇省佛教協會，一九八六：三一五。

高鶴年居士生平簡介載，高鶴年先生「九歲因同學陳氏夭殤，乃感伴讀驟離，若有所失，遂遁至劉莊紫雲山寺中三日，歸後復遁於蘇州穹窿山道院爲徒。爲貴池劉香林攜歸教以佛經」。高鶴年：名山遊訪記，南京：江蘇省佛教協會，一九八六：三一三。

高鶴年名山遊訪記自序云：「予業重障深，幼攖疢疾，命等蜉蝣。偶遊雲臺山，遇高僧教予教典，披讀之，如貧獲寶，似渴得泉，知三界無安，猶如火宅，人命危脆，不能偷安，始有懺悔訪道、朝禮名山之志。」高鶴年，陳攖寧，蒲團子：戊子年改訂本名山遊訪記，香港：心一堂出版社，二〇一五：二一。

從以上的記載，基本上能瞭解到高鶴年先生遊訪的原因與目的。至於高鶴年先生具體行迹，名山遊訪記記之頗詳。

根據戊子年改訂本名山遊訪記的記載，高鶴年先生從一八九〇年開始行脚，至一九二五年告一段落，前後經過三十六年。中國近現代佛教人物誌「三十五年」之說，有待商榷。一九二六年至一九三六年，則主要從事賑灾救濟等事業。以後也有零星的參訪記錄。

名山遊訪記最初刊登於一九一二年十二月出版的佛學叢報第三期佛學叢報創刊號於民國

元年九月初一印刷，十月初一日出版發行。原計劃按陽曆每月一日發行，但從民國元年十二月一日第三期發行後，一直到民國三年六月十五日第十二期停刊，均未能按計劃實施，由濮一乘、陳攖寧二先生刊登。高鶴年，陳攖寧，蒲團子．戊子年改訂本名山遊訪記．香港：心一堂出版社，二〇一五：四七一。隨着一九一四年六月十五日佛學叢報第十二期出版後停刊，連載也隨之結束。

一九三五年五月，由許止淨、余了翁編輯校訂之名山遊訪記由上海佛學書局出版發行，印製者爲國光印書局。是書出版後，高鶴年居士曾贈陳攖寧先生兩册，陳攖寧先生爲此書曾作文讀高鶴年居士名山遊訪記一篇，文中對相關內容提出了自己的看法。其後，在許止淨、余了翁所編名山遊訪記基礎上，尚有續編、補編、詩集等，這種工作一直持續到一九四七年，基本上由上海佛學書局出版，每種版本的封面，基本上保留了金山楞伽小隱所題九得歌。高鶴年在戊子年改訂本之末也對累次之修訂作了說明：「戊子秋，淨源諸居士發起改板，便於旅行，利益羣眾。余初遊名山，未有留記。民元由濮一乘、陳子修先生略登佛學叢報，後由許止淨長者願編成册，余了翁君助之。余因救濟水旱等災事忙，無暇預目。時南洋烟草公司簡照南、簡玉階兄弟發心印送兩次，王一亭諸公合印二回。補編由馬開朗善士印贈，續編由葉仲膴、陶德乾、盧象三居士校編流通。改板由吴濟時先生順序，陳攖寧先生發意分編，盛君壽先生助校而成。」高鶴年，陳攖寧，蒲團子．戊子年改訂本名山遊訪記，香港：心一堂出版社，二〇一五：四七一。

名山遊訪記的版本頗多，戊子年改訂本之前，一九四七年左右，上海佛學書局尚有校訂出版者。戊子年改訂本則出版於一九四九年。一九四九年以後的戊子年改訂本，對一九四九年版在文字上有數處改動。覺訊月刊社出版的幾個版本應該是一個版本，多次印刷，每次有修改，序文部分只保留了虛雲法師之序，詩作部分也刪除甚多。至一九五六年，游有維編校、上海佛教書店出版社的版本，纔基本上恢復了一九四九年初版的內容，並有增補。戊子年改訂本對以前的版本有增刪與修正，但後來流傳並不廣泛，倒是此前的版本較爲流行。

高鶴年先生遊訪中值得關注的一些事

心懷民生

在高鶴年先生多年的遊訪記錄中，多次提到某處宜開墾耕種，某處宜浚河灌溉等。這種文字，有二十餘處，處處顯示出高鶴年先生心繫民生的慈悲情懷。

一八九〇年，清光緒十六年庚寅，也是高鶴年先生名山遊訪記記載中最早的參訪時間。高鶴年先生從南京往遊九華山時記云：「長江兩岸，有多數破圩，皆未修理，產量收穫減少，則貧民日多，苦矣。」經九華山五里亭下山時，又記：「沿途山崗坡底，亦能開墾農場，種植森林，自然民豐國富。」從黃山至杭州時又記云：「自徽至杭，兩岸江濱，有許多地方可以築堤蓄水種田，增加莫大生產，鄉村自然豐富，人民就可安樂也。」高鶴年，陳攖寧，蒲團子：戊子年改訂本名山遊訪記．香港：心一堂出版社，二〇一五：六四，六五，六七。這次參訪途程中，三提生產，從修理破圩、開墾農場，到築堤種田，可以看出高鶴年先生時時觀察民生狀態，且思考如何提高人民的生活狀況。

一八九一年，光緒十七年辛卯。高鶴年先生由淮安出發，經黃河時，記云：「黃河上、中、下游，大都淤塞，當道如能注意，報告國家，徹底設法，實行浚河，利益不可思議也。」輾轉到北京時記云：「余自蘇至京，陸行二千餘里，經過山林曠野，都市村莊，人民大多不肯墾荒浚河，若遇久旱，則無水救濟，久雨又苦水無放洩之處。地方當道，如能設法使水有出路，旱有救濟，人民自然豐富安樂矣。」高鶴年，陳攖寧，蒲團子：戊子年改訂本名山遊訪記．香港：心一堂出版社，二〇一五：六八，七一。

一八九二年，光緒十八年壬辰，正月十一，高鶴年先生與潘某同遊秦游臺時，記潘某言：「湖底淤高，下河各縣，受害不淺。當道如能發意浚河，功德不可思議也。」高鶴年，陳攖寧，蒲團子·戊子年改訂本名山遊訪記·香港：心一堂出版社，二〇一五：八六。此雖非高鶴年先生之言，然其將此語單獨錄出，亦可知二人所見相同。

一八九二年三月十八日，高鶴年先生行至烏溪關，記云：「見太湖四邊淤塞，如能築堤造林，耕種生產，利莫大焉。」高鶴年，陳攖寧，蒲團子·戊子年改訂本名山遊訪記·香港：心一堂出版社，二〇一五：九二。

一八九三年，光緒十九年癸巳，三月初九，高鶴年先生從吳城鎮乘船，記云：「湖浜若周圍築堤，興辦農林，大有生產。」高鶴年，陳攖寧，蒲團子·戊子年改訂本名山遊訪記·香港：心一堂出版社，二〇一五：一〇二。四月初三，返廬山，記云：「沿江兩岸，修圩築堤，大可種植生產。」高鶴年，陳攖寧，蒲團子·戊子年改訂本名山遊訪記·香港：心一堂出版社，二〇一五：一〇四。

一八九八年，光緒二十四年戊戌，二月廿一日，高鶴年先生往鎮海，記云：「海中淤灘多，亦好做圩晒鹽生產。」高鶴年，陳攖寧，蒲團子·戊子年改訂本名山遊訪記·香港：心一堂出版社，二〇一五：一三〇。

一八九九年，光緒二十五年己亥，七月廿二日，高鶴年先生行至陝西鳳翔一帶，記云：「渭河兩岸，亦有多處淤灘，可以築堤種植。」高鶴年，陳攖寧，蒲團子·戊子年改訂本名山遊訪記·香港：心一堂出版社，二〇一五：一四〇。**蒲團子按**　陝西鳳翔，今屬寶鷄市，乃愚之家鄉。

一八九九年，光緒二十五年己亥，八月初四，高鶴年先生出褒城縣後，記云：「南北二棧道山中，亦有地可開荒造林種穀，補助生活。」高鶴年，陳攖寧，蒲團子．戊子年改訂本名山遊訪記．香港：心一堂出版社，二〇一五：一四二。

一九〇三年，光緒二十九年癸卯，五月二十五日，高鶴年先生往五臺山鳳林寺。其記云：「山中亦有開荒種植之地。」高鶴年，陳攖寧，蒲團子．戊子年改訂本名山遊訪記．香港：心一堂出版社，二〇一五：一七二。

一九一八年，民國七年戊午，十一月初二，高鶴年先生自淮安發足，過舊黃河，記云：「兩岸仍有許多空地，未曾耕種，殊少生產。」高鶴年，陳攖寧，蒲團子．戊子年改訂本名山遊訪記．香港：心一堂出版社，二〇一五：三〇二。十一月二十六日，宿新浦鎮，記云：「由此直往勞山。沿途海邊山坡上，空地極大，種植最宜。五洋湖雖淤成蕩田，仍未耕種也。」高鶴年，陳攖寧，蒲團子．戊子年改訂本名山遊訪記．香港：心一堂出版社，二〇一五：三一二。

一九一九年，民國八年己未，二月，高鶴年先生與王一亭先生等往湖南放賑，登岳陽樓，觀洞庭湖君山，「湖中淤灘更大，無人提倡浚河築堤、種植收穫」。高鶴年，陳攖寧，蒲團子．戊子年改訂本名山遊訪記．香港：心一堂出版社，二〇一五：三三二。此後又記云：「洞庭湖，相傳周圍約八百里，上游湖底淤灘最高，土肥而壯，大可築堤、植樹、耕種。生產偉大，應由地方官紳報告國家，以大雄大力開辦，可能成也。」高鶴年，陳攖寧，蒲團子：戊子年改訂本名山遊訪記，香港：心一堂出版社，二〇一五：三三四。

一九一九年，六月初一，由大通鎮乘小舟入湖。「湖周數十里，冬來湖乾，可以做圩，耕種生產。」高鶴年，陳攖寧，蒲團子：戊子年改訂本名山遊訪記，香港：心一堂出版社，二〇一五：三三五。

一九一九年十月，高鶴年先生從廣東往廣西桂林。記云：「沿江兩岸淤灘，冬來可以築堤種植生產。」高鶴年，陳攖寧，蒲團子：戊子年改訂本名山遊訪記，香港：心一堂出版社，二〇一五：三四六。

一九二〇年，民國九年庚申，高鶴年先生從香港到雲南鷄足山。其記云：「自香港經北海、安南，過深山，抵滇省，至大理鷄足山，沿途水府山谷，皆有空閒之地，可以開墾種植造林。」高鶴年，陳攖寧，蒲團子：戊子年改訂本名山遊訪記，香港：心一堂出版社，二〇一五：三六六。

一九二一年，民國十年辛酉，高鶴年先生遊訪羅浮山，記云：「羅浮近山一帶，土質尚好，浚河開荒種植最宜。」高鶴年，陳攖寧，蒲團子：戊子年改訂本名山遊訪記，香港：心一堂出版社，二〇一五：三七三。

一九二二年，民國十一年壬戌，七月二十四日，高鶴年先生遊雁蕩山山頂，記云：「沿海空地可以植樹，亦能生產。」高鶴年，陳攖寧，蒲團子：戊子年改訂本名山遊訪記，香港：心一堂出版社，二〇一五：三八六。

一九四七年，民國三十六年丁亥，秋，高鶴年先生應邀往太湖，記云：「太湖周約八百里，東北淤灘最大，約有千餘頃，可以築堤。泥肥，種植極佳。」高鶴年，陳攖寧，蒲團子，戊子年改訂本名山遊訪記，香港：心一堂出版社，二〇一五：四〇八。

高鶴年先生行脚參訪，是爲了解決生死大事。其雖廣參博訪，然一意佛學。但每每目睹荒田棄灘時，總是會想到開荒浚河，增產利民，而不是一味地宣傳佛法，以度羣生。這種心繫民生、授人以漁的思維，應該是真正的佛陀精神。在名山遊訪記中，記錄高鶴年先生心繫民生大計之處頗多，此處整理，或有遺漏，但從中可以看出高鶴年先生之真實情懷。

需要說明的是，高鶴年先生所主張開墾、疏浚之處，有些地方並不是没有此種想法。只是由於地理位置及氣候因素，無法做到真正地開荒疏浚。即使今日，有些地方依然不能如高鶴年先生所想的那樣種植生產。但這些並不能否定高鶴年先生的慈悲胸懷。

婉拒出家

一八九一年，高鶴年先生在北京，欲往五臺山參訪，遂向寺院中打聽途程。在香山碧雲寺，同行劉先生代問往五臺途程，寺院長者言：「山路崎嶇少人行，不易之事也。」至臥佛寺，劉先生又代問往五臺山路程。方丈說：「吾僧家朝五臺的人希少，可問旃檀寺當家也。」至旃檀寺，次早，問旃檀寺老當家五臺道里，知不下千里。當家和尚勸高鶴年先生：「出家方可行脚訪道，磨煉身心，千里不帶柴和米，萬里不要零用錢，有寺好掛單，逢廟便趕齋，隨地應經懺，處處好化緣。如做居士，朝山參學，有寺不好宿，有廟不能飯，有錢不能帶，無錢不能行。難哉苦矣。」高鶴年先生則回以：「自愧無道，不敢出家。諺云：『不耕而食，不織而衣。』若無真正道德，不能消受，罪過大矣。學人之志，願食野菜草根充饑，不沾世人絲毫。」遂頂禮告辭。（高鶴年，陳攖寧，蒲團子：戊子年改訂本名山遊訪記，香港：心一堂出版社，二〇一五：七二，七三。）

旃檀寺當家和尚所說雖是實情，然高鶴年先生「自愧無道，不敢出家」及「若無真正道德，不能消受，罪過大矣。學人之志，願食野菜草根充饑，不沾世人絲毫」之論，更值得後人敬仰。特別提到一點，即出家人「不耕而食，不織而衣」，受的是十方供養。這點是後人值得深思的。嘗見今日某些寺廟、道觀，公開招納僧人、道士，許以優厚的生活保障及優越的薪資利益，而應聘者紛紛。雖然時代在變化，宗教團體的宗教生活也有了改變，但現在的學佛者與當年的高鶴年先生相比，還是耐人尋味的。

一八九四年，光緒廿年甲午，四月初九，紫雲庵當家性海上人勸高鶴年先生出家。高鶴年先生云：「自愧無道，不能爲僧，恐壞法門，罪過不輕。」高鶴年，陳攖寧，蒲團子：戊子年改訂本名山遊訪記，香港：心一堂出版社，二〇一五：一一〇。此又一次婉拒出家也。其婉拒之原因，則是「自愧無道」「恐壞法門」。

一九一二年，民國元年壬子秋，高鶴年先生與濮一乘先生等商議佛經流通及佛學叢報印行；與應慈長老商辦佛學研究所，並請諦閑法師主講；與沈元來居士辦超塵精舍，請興慈法師主講；頻伽精舍托高鶴年先生請月霞法師講經，時研究者甚眾，有陳攖寧、濮一乘、劉濮生、狄楚青、方倫叔、朱峻夫、陳彥通、錢履樛、沈昭武、劉葆良、魏梅蓀、方重審諸先生，以及英國人李提摩太、莊士敦、梅殿華、莫安仁，美國人李佳白，俄國人賽冠林等，高鶴年先生擔任道場指導；諦閑法師與陳介石、王采臣、黎燦階、程靜武等辦有世界宗教會，推高鶴年先生擔任執事。諸事完畢後，高鶴年先生記云：「光陰迅速，講期圓滿，佛經流通，叢報出版，余願了矣。靜夜檢點自心，名利關頭，五欲苦境，雖然不貪，稍有愛心，隨境所轉，與道不合。故將各事一了，起脚又行，往五臺度夏，終南經冬。」雖有治開上人、濟南長老等相留，但從高鶴年先生的記述來看，其並未沾染，最終還是選擇了行脚參訪。高鶴年，陳攖寧，蒲團子：戊子年改訂本名山遊訪記，香港：心一堂出版社，二〇一五：二六七。在諸般弘揚佛法事宜完成之後，高鶴年先生明知自己「名利關頭，五欲苦境，雖然不貪」，但擔心「稍有愛心，隨境所轉，與道不合」，故而決定繼續行脚參訪，脚踏實地，真修實證。高鶴年先生並未滿足於自己的成就，而是先檢點自心。這種時時自省、不染不著、當機立斷的做法，也是學道之人應該注意的地方。這與其屢次婉拒僧家邀請的行爲異曲同工。

一九一四年，民國三年甲寅，四月十六日，高鶴年先生與月霞法師在北京遊訪數日，月霞法師勸高鶴年先生回南方幫辦華嚴大學。高鶴年先生「自愧在滬爲提倡佛學事奔走二載，喫盡辛苦，自覺難靠，恐被塵緣所牽，幻境所縛，名利所纏，五欲所害。業重慧輕，道力不充，自尚未度，何能度人？故決定仍入深山，磨煉一番」。高鶴年，陳攖寧，蒲團子．戊子年改訂本名山遊訪記．香港：心一堂出版社，二〇一五：二七五。這又是一次婉拒。高鶴年先生自覺自己的條件不足以度人，又恐爲「塵緣所牽，幻境所縛，名利所纏，五欲所害」，故而要「仍入深山，磨煉一番」。這也就是陳攖寧先生在讀高鶴年居士名山遊訪記一文爲什麼評價高鶴年先生爲「宗門健將，最講究真參實悟」。陳攖寧．讀高鶴年居士名山遊訪記．揚善半月刊，一九三五，三(七)：一至三。

一九二〇年，民國九年庚申，高鶴年先生遊雲南昆明，與虛雲法師告辭。虛雲云：「望君日久，何得遽行？」高鶴年先生因身體問題，欲往鷄足山修養。虛雲法師不允，並將高鶴年先生的衣、單、川資密藏起來。第二早上，高鶴年先生等虛雲法師靜坐之時，不辭而別。向友人借大洋四元，由大觀樓搭舟而去。高鶴年，陳攖寧，蒲團子．戊子年改訂本名山遊訪記．香港：心一堂出版社，二〇一五：三五四。

行脚規程

一八九九年，光緒廿五年己亥，八月初二，高鶴年先生與宏源法師同行。時天雨路滑，宏源法師歎曰：「行脚真苦，衣履不能就時，用具不能帶，食宿無所，早遲不便，冷煖不均，精細莫調，饑寒交迫，深入異鄉，逢危履險，種種是苦。」高鶴年先生則言：「去夏過金山，訪大定長老，談及行脚參訪之事。長老云：『人人皆說行脚之苦，其中之真樂，人所不知也。行脚者，有真僞二種。僞行脚者，假此名目，貪名圖利，到處侵擾，販賣貨物，欺人自欺，真可愍也；真行脚者，名利不能牽，情欲不能縛，煩惱不能擾，幻境不能轉，獨爲生死大事，上求佛道，下化衆生，一念無障無礙，無上妙味，不可思議也。』」高鶴年，陳攖寧，蒲團子．戊子年改訂本名山遊訪記．香港：心一堂出版社，二〇一五：一四一。高鶴年先生引用大定長老之語，道行脚真僞之別，亦可見高鶴年先生之境界與識見。而從整部名山遊訪記來看，高鶴年先生也確實稱得起「真行脚者」。

一九〇三年，光緒二十九年癸卯，正、二月某日，高鶴年先生與諸老遊。時大定談行脚之事云：「朝山原爲求道而修苦行，須要精進猛勇，期了生死大事，如救頭然。」大霖云：「要具忍辱之心，發菩提之願，不擇飲食，不辭淡泊，縱遇險難，亦所不辭。」慈本曰：「華嚴經入法界品文殊告善財言：『求善知識，勿生疲厭；見善知識，勿生厭足。於善知識所有教誨，皆應隨順；於善知識善巧方便，勿見過失。』善財據此金訓，南詢百城，見五十三善知識，一生了辦大事，乃行脚之榜樣。」高鶴年，陳攖寧，蒲團子．戊子年改訂本名山遊訪記．香港：心一堂出版社，二〇一五：一六〇。諸老所言，誠爲行脚之規程，參訪之模範。

一九〇三年，四月十四日，高鶴年先生於北京北新橋柏林寺遇冶開等。冶開論行脚云：「論到已悟本分，無欠無餘；若乃初機因緣，宜攷宜證。所以，借朝山以證宿因，假參學而消分際。」高鶴年，陳攖寧，蒲團子．戊子年改訂本名山遊訪記．香港：心一堂出版社，二〇一五：一六三。此乃行脚參訪之目的也。

一九〇三年，四月二十四日，高鶴年先生住北京圓光寺，與方丈清一會談。清一曰：「參學略有五種：一，己事未明，尋求知識；二，機緣不契，別訪高明；三，已明大事，隨方應化；四，特爲進香，植福培因；五，誇張勝境，私圖名利。前三正當，第四猶可。至於散意雲水，名利自欺，其誤甚矣。」高鶴年，陳攖寧，蒲團子．戊子年改訂本名山遊訪記．香港：心一堂出版社，二〇一五： 一六四。

一九〇三年，五月初十，高鶴年先生與月朗長老諸人遊五臺畢，諸人下山，數度勸高鶴年一同回南方。其等謂：「予等數十人到京，請頒藏經，朝禮五臺，而居士獨留，予等心中不忍。」高鶴年先生則答云：「學人今日行脚，專爲生死大事。無常迅速，故決意在此度夏，再往終南過冬。前面已將出口，恕余不送。」隨即合掌作別，「回頭就走」。而月朗諸人則「含淚而行」。高鶴年，陳攖寧，蒲團子·戊子年改訂本名山遊訪記·香港： 心一堂出版社，二〇一五： 一六七。從此處不僅可以看出高鶴年先生求道以了生死之心切，更通過「回頭就走」可以看出高鶴年先生求道之決心。當機立斷，回頭就走，一意生死，不沾不滯。反觀同行諸人，「予等數十人到京」「而居士獨留，予等心中不忍」及「伊等含淚而行」，尚染塵情。

遇兵遇匪

一八九一年，光緒十七年辛卯，朝峨嵋山，從木城場行廿餘里，經谷中小道，行人少。時遇有一人，持棍檢查，見高鶴年先生口袋内裝有皮糠數升，遂問其作何用。高鶴年先生答曰：「當飯喫。」檢查者遂放行。高鶴年，陳攖寧，蒲團子·戊子年改訂本名山遊訪記·香港： 心一堂出版社，二〇一五： 七七。

一九一八年，民國七年戊午，三月五日，高鶴年先生「至新豐鎮，一日夜，被南北軍捉去七次，所幸余住終南日久，隨處知名，雖被捉去，終仍優待釋放，並欲派兵護送」「告以『山林野人，身無長物，不勞護送』。獨行至省，頗難進城。展轉報明上官，始肯放入」。高鶴年，陳攖寧，蒲團子，戊子年改訂本名山遊訪記，香港：心一堂出版社，二〇一五：二九七。兵荒馬亂，一晝夜被捉七次，但以住終南聞名，不僅未受委曲，且「優待釋放」，並欲派兵護送。又，行至省城，難以進城，展轉報明上官，則準入城。在當時的情形之下，高鶴年先生的遭遇，也可反映出當時的民風及人們對修行人的尊敬。

一九二〇年，民國九年庚申，某月初一，高鶴年先生在雲南境內，途遇楊天福部下攔阻，遂同上山見首領。第二日，高鶴年先生被放下山，並予優待。高鶴年，陳攖寧，蒲團子，戊子年改訂本名山遊訪記，香港：心一堂出版社，二〇一五：三五五。楊天福乃是民國年間雲南境內占山爲王者。高鶴年先生能從其處全身而回，且受優待，可知當年之人對修行人之態度。

一九三〇年，民國十九年，高鶴年先生在家鄉設粥廠，每數日往城中一次借款辦糧，維持各粥廠現狀。某日從粥廠往城中行，忽遇盜船數艘，攔住高鶴年先生之船。高鶴年先生向其說明情況，「匪徒感未阻擾」。高鶴年，陳攖寧，蒲團子，戊子年改訂本名山遊訪記，香港：心一堂出版社，二〇一五：四二三。特殊年代，特殊情形，即使匪人，也有善念。

異象評議

一八九四年，光緒二十年甲午，某日，某師當爲真慧坐峯頭，高鶴年做飯熟，上山頂請某師用齋。時某師入定，鼻有兩道白毫當爲細微之白色光或白色氣柱，與峯下雲霧相接。高鶴年一見驚奇，遂口念一聲「彌陀」，某師則答一聲「佛」，白毫即不復再見。高鶴年，陳攖寧，蒲團子．戊子年改訂本名山遊訪記．香港：心一堂出版社，二〇一五：一一四。對此高鶴年認爲：「細思之，或風氣動盪關係也。」作爲一位參修佛學之士，高鶴年此時並未將其視爲神異，或認爲某師工夫到某層境地，而是跳出事件之本身，客觀、科學地看待此事，這在那個時代的學佛人中，應該不會太多見。即使現在的一些學佛人士，也未必有這樣的冷靜思維。可知，陳攖寧先生當年對高鶴年先生讚譽，並非虛辭。

一九二一年，高鶴年先生遊羅浮，實地察驗羅、浮二山「風離雨合」之說，得知真有此景。並對羅浮「三觀」之說，也做了介紹。「一曰日觀。五鼓時觀日出，余之目覩理想，皆由風雲水氣有無多少之動轉，故有霞影烟濤之變幻。」「二曰海觀。峯上遥觀滄海，空濛縹緲無際。」「三曰雲觀。朝起每見烟雲在山下，乃被陰霾之氣所壓，伏於羣山之中，如大海中白蓮千朵，浮動往來，致衆山峯尖露出者，亦飄揺若動。」並認爲：「外境三觀，皆因心動而顯，若能回光返照，頓時空寂，則所謂奇景者，不過心識變現耳。」高鶴年，陳攖寧，蒲團子．戊子年改訂本名山遊訪記．香港：心一堂出版社，二〇一五：三七三。高鶴年先生又一次理性、科學地解釋了「三觀」之景，而未用宗教家迷信的說法來闡述「異象」，這也是其真參實學的一種體現，更是對後世學佛學道者的一個提醒。

文物保護

一八九五年，光緒二十一年乙未，三月十八，高鶴年遊天台高明寺，記錄了一段關於智者大師手書陀羅尼經及虞世南書華嚴經的往事。「傳智者大師手書陀羅尼經四卷，失去三卷，四明元通法師習大師書法補完。復恐散失，別書四卷。隆慶間，智者書爲釋海慧持去，今所存者是元師所書。又華嚴經晉譯六十卷，爲唐虞世南書，傳爲秦檜取去。」高鶴年，陳攖寧，蒲團子．戊子年改訂本名山遊訪記．香港：心一堂出版社，二〇一五：一二一。

一九一四年，民國三年甲寅，四月二十六日，高鶴年先生遊雲崗石窟，見「所有石佛，皆就山雕琢，古代美術有光國史者也。但今無人保護，石佛多被愚人打碎，真堪痛惜」，遂「勸當家廣玉師維持，並勸以石砌牆，保護雲崗石刻，功莫大焉」。高鶴年，陳攖寧，蒲團子．戊子年改訂本名山遊訪記．香港：心一堂出版社，二〇一五：二七六。如今的雲崗石窟，是否與當年高鶴年先生與廣玉法師的保護有關，不得而知。但從高鶴年先生之如此心思，確是值得尊重並繼承的。

如何保護宗教文物，這應該是一個值得思考的問題。高鶴年先生記載的高明寺智者大師手書、虞世南手書，一爲僧人持去，一爲官員取走。從佛教義理上講，這些不過是身外之物。但這種情況是否合理，是否有利於這些文物的保存，我認爲還是應該研究的。記得胡海牙老師講，陳攖寧先生去世後，其住處被撬開，丟失書籍、字畫不少，其中還有幾幅價值頗高的畫作。當時海牙老師在江西「幹校」，回來後曾與宗教局商議追查事宜，但當時宗教局需要老師寫清楚丟失物品的明細。老師因爲當時剛從外地歸來，一切事情頗爲紛亂，難以定下心來，故而放棄了追查，只寫了一個大概的資料。陳攖寧先生物品的丟失，雖有當時具體的原因，但與高鶴年先生所記載之事，有相同之處。陳攖寧先生書籍，有三次大的流失。第一次是日寇攻入上海後，陳先生倉促出行，只帶出一部分書籍，不少外丹典籍遺失。第二次是陳攖寧先生去世後，胡海牙老師下放「幹校」，陳攖寧先生住處被撬，丟失了不少書籍。第三次是胡海牙老師托人整理陳攖寧全集時，由於各種因素，書籍來往過程中，有部分流失。後來也有一些零星散失。

路遇癡安

一八九五年四月初四，高鶴年先生遊東漢劉晨、阮肇天台採藥遇仙處，即桃源洞。路遇少年三人，口稱「此回若不見仙，決不回家」。高鶴年先生遂隨三人行，四五里，至絕壁懸岩，無路可登。這時，一人說：「有樹可攀，上去就可遇仙。」三人遂攀樹而上兩三丈，其中兩人陸續跌落下來，皮破血流。高鶴年先生上前詢問：「君欲遇仙何爲？」回答曰：「遇仙有好酒美女之樂。」高鶴年先生歎曰：「修仙已非究竟，況爲貪酒色耶！」並認爲：「遊桃源洞者，多半癡心妄想。」高鶴年，陳攖寧，蒲團子．戊子年改訂本名山遊訪記．香港：心一堂出版社，二〇一五：一二四。

高鶴年先生所記錄，只是一般徒慕遇仙故事者，其所圖不過是美女、美酒而已。而一些所謂的修煉者，或假修煉之名，求財求色；或吸食人乳、舔食身體穢物以求成仙；等等。高鶴年先生所遇之少年，較之此等「真修之士」的行爲，顯然是小巫見大巫。

修正訛誤

一八九九年，光緒二十五年己亥，高鶴年遊峨嵋山真身塔，對世傳普賢塔傳說的訛誤進行了修正。其曰：「相傳普賢大士真身圓寂後，肉身塔此，遂稱普賢塔，訛也。此乃順治時，有僧名照玉者，精修梵行，康熙時勅封速成正覺，人稱爲『活普賢』。」高鶴年，陳攖寧，蒲團子．戊子年改訂本名山遊訪記．香港：心一堂出版社，二〇一五：一五二。即世稱之普賢塔，實爲清僧照玉之塔，因照玉有「活普賢」之稱，故稱爲普賢塔，訛爲普賢真身塔。

一九〇三年，光緒二十九年癸卯，五月十七日，高鶴年先生遊五台山中台鐵瓦寺，見殿上有傳言之人皮鼓，遂正其訛誤。其云：「唐僧法愛，以常住財私置田，遺其徒，死轉牛身，托夢將伊皮爲鼓，並書名於上，禮誦擊之，以求懺悔，否則田變滄海，不能消灾。其徒乃依言剥皮爲鼓。歲久遂訛爲人皮鼓。」高鶴年，陳攖寧，蒲團子，戊子年改訂本名山遊訪記，香港：心一堂出版社，二〇一五：一六九至一七〇。

一九四八年四月六日，民國三十七年戊子農曆二月二十七，下午二時許，江蘇鎮江金山寺突發大火。有友人致函高鶴年先生，稱金山大火，樓閣燒盡，死傷僧衆廿餘人。後高鶴年先生親赴金山，始知「據傳燒死僧人，並無其事。蓋當時秩序紛亂，禪堂諸師，欲出無由，乃復入内，打通後牆，避至江濱。衆見未出，故有此誤」。高鶴年，陳攖寧，蒲團子，戊子年改訂本名山遊訪記，香港：心一堂出版社，二〇一五：四一二。

高鶴年先生對以上三則誤傳的糾正，很有意義。特別是後兩則，都關乎人的性命。這種對訛誤的修正，也有助於還原真實的歷史。

修學感言

一九〇三年，光緒二十九年癸卯，正月二十三，高鶴年先生重遊金山藏經閣，憶往日「余前憩此數載，晝則閱藏，夜則習禪」，並言「如不調飲食，則病患必生；不閱三藏，則智眼必昧。知佛心者，則言言了義；不知佛意者，則字字瘡疣」，又自謙云「余常學禪，愧不能諸緣放下，難得真實受用，虛度光陰，抱慚極矣」。高鶴年，陳攖寧，蒲團子：戊子年改訂本名山遊訪記．香港：心一堂出版社，二〇一五：一五九。高鶴年先生真實謙遜之言，堪爲後世模範。

遇險得生

一九〇三年，光緒二十九年癸卯，五月十六日中午，高鶴年先生獨遊五台山之北台。「正顧視山光，忽狂風大作，雨雪交加，頃刻間風雨稍息，石室之內，水有寸深，難以度夜，只得冒雨而行。陰雲遮覆，當午如同深夜。四面懸岩，覓路不得。忽見雲中隱隱有牧童騎牛而過，余隨詢之，特意不答。余行快，牛也快。余行慢，牛也慢。行約三四里許，豁然雲開萬嶺，光照大千。瞬目之間，人牛俱不見矣。奇哉怪哉！」在這段記述之後，高鶴年先生還鄭重地表示「彼時歷歷分明，毫不昏昧。余若造妄語欺人者，永墮拔舌地獄也」，以證明此記載之真實不虛。後來有人將高鶴年先生此次所遇，認爲乃文殊顯化指引。高鶴年，陳攖寧，蒲團子，戊子年改訂本名山遊訪記，香港：心一堂出版社，二〇一五：一六九。是日下午，高鶴年先生「從小徑下山，泥滑如油，行約數里，失足，直衝下去，約四五里許，幸未墮澗。是時幸正念現前，別無他想。半點鐘時，漸漸蘇醒，睜目一看，周身是泥」。高鶴年，陳攖寧，蒲團子，戊子年改訂本名山遊訪記，香港：心一堂出版社，二〇一五：一六九。一日兩遇險情，均能脱身，實屬萬幸。行脚參訪之艱辛，由此可見一斑。亦可知，無論學仙學佛，未有能坐享其成者。

一九一二年，民國元年壬子，七月二十日，高鶴年先生行至阜平縣，「渡大河，無橋無舟，騾亦不前。河中亂石滾滾，水聲如雷，深約三尺。對岸里許，天色又變，恐有大雨，急急赤足執杖而行。行近河中，脚踏石滑，被水衝倒。是時，真常獨露隨他去，濤湧瀾翻不礙人。頃刻里許，衝靠彼岸，覺有扁擔靠身，翻身上岸，開眼，始知樵人來救。禮謝，帶濕衣而行」。高鶴年，陳攖寧，蒲團子，戊子年改訂本名山遊訪記，香港：心一堂出版社，二〇一五：二四〇。

一九二二年，民國十一年壬戌，七月二十四日，高鶴年先生獨身遊雁蕩山山頂。突然間，「霧起雲飛，千峯不見要。樵夫曰：『快快走，雨來了。』下坡約二三里，烏雲四合，狂風暴雨，無處迴避，周身濕透」。此時，高鶴年先生「心中照顧念頭，不爲所轉」。經黃泥坡，坡陡路滑，樵夫滑倒，並將高鶴年先生撞倒。相互扶起，繼續同行。高鶴年先生又滑倒，並將樵夫撞倒。「是時風狂雨大，行快跌快，爬起快，溜下快，拖泥帶水」。大約一小時後，抵樵夫家中稍息，後回能仁寺。高鶴年，陳攖寧，蒲團子：戊子年改訂本名山遊訪記，香港：心一堂出版社，二〇一五：三八六。此次遊訪，亦凶險非常。但在「拖泥帶水」時，能「照顧念頭，不爲所轉」，亦當爲吾人所借鑒。心有所繫，意識合一，方能在生死關頭多一些從容。

行脚不是遊山玩水，從高鶴年先生的經歷來看，遭遇生死也屬平常。今人若欲行脚，高鶴年先生之經歷，可供參考。當然，這是指真正的行脚。以行脚爲名者，不在此例。

名山遊訪記佳言警語

（一）念身不求無病，身無病則貪欲易生；處世不求無難，事無難則驕奢必起。——圓老上人（六五）

蒲團子按　語出寶王三昧論，係明代妙葉所集。

（二）經目之事，猶恐未真；背後之言，豈足深信？人不知己過，牛不知力大。——田少雲（六八）

蒲團子按　語出明心寶鑒，元末明初范立本輯。俗語云：「眼見爲實。」但現實生活中，往往有人會被障眼法欺蒙，故而今人常有「眼見未必爲實」之歎。眼見尚未必是真，耳聞則更須審慎。做人如此，修道又何嘗不是這樣？故陳攖寧先生曾經提出，仙學的成就，必須有目共睹，必須經得起考驗，纔是真正的成就。否則，死後成仙，無從驗證，何由檢驗丹法之真僞？近今亦常有所謂的「白日飛昇」、「陽神出殼」之傳言流佈，頗能取信於人。然考其丹法，似乎不合乎古人成就「白日飛昇」、「陽神出殼」之步驟，而傳播者亦皆閃爍其詞。諸如此類，當爲詭騙。真正丹法，有景有驗，步步錯不得。微有不謹，則不免毫釐千里。景爲真景，非當下所謂之種種内部景象；驗爲真驗，非當下諸般神思構想所得。

(三)日食三餐，每念農人之苦；身被一縷，常思織女之勞。一星之火，能燒萬頃之薪；半句非言，誤損平生之福。——王某(六九)

蒲團子按 語出明心寶鑒，爲宋高宗語。前四句，飲水思源；後四句，防危杜漸。處世學道，均宜深思。

(四)人生智未生，智生人亦老；心智一切生，不覺無常到。——范公(六九)

蒲團子按 此語或出明心寶鑑，待考。

（五）一派青山景色幽，前人田土後人收；後人收得莫歡喜，還有收人在後頭。——范公（六九）

蒲團子按 此詩爲北宋范仲淹書扇示門人。明心寶鑑亦有收錄。

（六）閒中檢點平生事，靜裏思量日所爲。——許公（七二）

蒲團子按 語出明心寶鑑。

（七）寬性寬懷過幾年，人死人生在眼前；隨高隨下隨緣過，或長或短莫埋怨。自有自無休歎息，家貧家富總由天；平生衣祿隨緣度，一日清閒一日仙。——文老（七二）

蒲團子按 語出明心寶鑑。「一日清閒一日仙」，很多人向往中事，奈人生難得一清閒。

（八）閒居慎勿說無妨，纔說無妨便有妨。爽口物多終作病，快心之事多爲殃。與其

病後方求藥，不若從前能自防。饒人不是癡，過後得便宜。——劉公（七二）

蒲團子按　語出明心寶鑒。

（九）勢交者近，勢盡而亡；財交者密，財盡則疏；色交者親，色衰義絕。——漢書（七三）

（十）入山不看山中景，渡水不觀取魚人。——高鶴年（七三）

蒲團子按　這是高鶴年先生當年參訪時之心態，誠可謂「洒脫無罣礙，逍遥自在行」。

（十一）多年古鏡要磨功，垢盡塵消始得融；靜念投於亂念裏，亂心全入靜心中。——峨嵋山錫瓦殿長老（七六）

蒲團子按　語出普能嵩禪師淨土詩。

（十二）人心不可糢糊，又不可疏忽，更不可執著，否則諸事不得自然。——凍雲庵主（七七）

(十三)此身常在閒散處，榮辱得失誰能差遣我；此心常在安靜中，是非利害誰能瞞昧我。——李公(七八)

蒲團子按 語出菜根譚，明洪應明輯。

(十四)山澗之水容易復原，世人之心則難滿足，將心比心，便是佛心。——高鶴年(七八)

(十五)白髮不隨老人去，淅淅又上少年頭；月到十五光明少，人到終年萬事休。——路人(八〇)

(十六)春日纔看楊柳綠，秋風又見菊花黃；榮華終是三更夢，富貴還同九月霜。——萬壽宮主人(八〇)

蒲團子按 語出明憨山大師醒世詩。

(十七)老病生死誰能替，酸甜苦辣自承當。——吴公(八〇)

蒲團子按 語出明憨山大師醒世詩。

（十八）青山綠水依然在，爲人一死不相逢。——大士閣當家（八〇）

（十九）麝因香重身先死，蠶爲絲多命早亡。——得師（八一）

（二十）貪瞋不肯捨，徒勞讀諸經；看方不服藥，病從何處輕。——淨禪（八一）

蒲團子按 語出唐龐蘊龐居士語錄。

（二十一）守口如瓶，防意如城。——曾林二公（八三）

蒲團子按 語出宋周密癸辛雜識別集。此二語爲處世常言，然用之修煉，亦頗具妙理。

（二十二）耳目見聞爲外賊，情欲意識爲内賊，主人惺惺不昧，賊化爲家人矣。——觀音閣主（八三）

蒲團子按 語出菜根譚。

（二十三）推古驗今，所以不惑；　欲知未來，先察已往。——某君（八四）

蒲團子按　語出明心寶鑒。

（二十四）鏡以照面，智以照心。心明則塵埃不染，智明則邪惡不生。——某君（八五）

蒲團子按　語出明心寶鑒。所以生邪惡者，因智之不明也。

（二十五）雲霧山高路又遥，溪邊黄葉水上飄；　爭似老僧常不動，長年無事坐逍遥。——釋敬安（八五）

蒲團子按　此詩係高鶴年先生與某師往雞公岩訪八指頭陀釋敬安即寄禪和尚時所錄。按文義當是寄禪和尚所作。是否準確，尚須再考。

（二十六）靜居不隨流水動，安閒常笑白雲忙。——某僧（九三）

（二十七）今日岩前坐，坐久烟雲收；　身上無塵垢，心中更無憂。——寒山（九四）

(二十八)水底魚,天邊雁,高可射兮低可釣,惟有人心不可料; 天可度,地可量,惟有人心不可防。——蓮成(九六)

蒲團子按 語出明心寶鑒。

(二十九)欲做精金美玉之人,定從烈火中鍊出; 要立掀天揭地之事,須向薄冰上履過。——新昌縣大佛寺方丈(九七)

蒲團子按 語出菜根譚。爲人處世與學仙修道,途雖有異,而理無二致。

(三十)有心用到無心處,知到無心又是誰。——蓮成(九八)

(三十一)坐密室如通衢,馭寸心如六馬。——蓮成(九八)

蒲團子按 語出宋李邦獻省心雜言。

(三十二)無事被他罵,佯佯耳不聞。舌亦不須動,心亦不許瞋。關津無障礙,方是出

塵人。——蓮成(九九)

蒲團子按　語出龐居士語錄。

(三十三)謹則無憂,忍則無辱;　靜則常安,儉則常足。——蓮成(九九)

蒲團子按　語出明心寶鑒。

(三十四)百巧百成,不如一拙。　未來休指望,過去勿思量。　常將有日思無日,莫待無時想有時。——蓮成(九九)

蒲團子按　語出明心寶鑒。　仙家常言:「下手速修猶恐遲。」去日勿追,來日勿盼,注重當下,方可防患於未然。

(三十五)心安茅屋穩,性定菜根香;　世事靜方見,人情淡始長。——蓮成(九九)

蒲團子按　語出明心寶鑒。

(三十六)風波境界立身難,處世規模要放寬;　萬事盡從忙裏錯,此心須向靜中

安。——蓮成（一〇〇）

蒲團子按 語出宋戴復古處世。

（三十七）五湖四海爲上客，逍遥自在任我行。——諺語（一〇〇）

（三十八）一船西來一船東，順逆風波勢不同。寄語順風船上客，來日未必是順風。——舟中客（一〇二）

蒲團子按 道理淺顯，惜世人往往疏忽過去。

（三十九）多靜坐以收心，寡酒色以清心，去嗜欲以養心，誦古訓以警心，悟至理以明心。——智根（一〇二）

蒲團子按 語出清金蘭生編述格言聯璧。五法乃心性工夫之要。無論仙、道、佛、儒諸家，凡欲求心性功夫升華者，於此五者當留意焉。即使普通人，行此五法，亦有益於身心。

（四十）他人騎馬我騎驢，仔細思量我不如；　回頭又見推車漢，比上不足下有餘。——旅人（一〇六）

（四十一）暴怒傷人傷己，和平容我容他；　躁急多生荊棘，忍耐事後無差。——某羽士（一一〇）

（四十二）自身有病自身知，心病還將心藥醫；　心境靜時身亦靜，心生還是病生時。——性海（一一〇）

蒲團子按　語出養生膚語。心病、身病，患者自知。身病可借醫家之功、藥物之力，然心病非心藥不可。心藥在人更在己，只是很多心病患者並不願將病因歸諸於己而已。至於「心境靜時身亦靜」，當知「身靜久時心亦靜」，此兩者是相互的。

（四十三）岩上臥，雲霧爲被我不惡；　峯頭住，飽餐烟霞我不苦；　嶺上坐，念念直往無生路；　山中行，脚脚踏實本來人。——真慧（一一四）

蒲團子按　此爲戊子年改訂本名山遊訪記第九篇中所載。然此篇中用「師」字處頗多，據文義，此語當爲真慧所言。此數句，言山居四大威儀，可供住山修養之士參習。

（四十四）古人心地未通，不遠千里，求師問道。既得真師，久久親近，終成大器。萬萬不可甘愚守拙，白首無知。——真慧（一一五）

蒲團子按 此數語，足爲求道規程，發人深省。求師者、未得師者，均宜細味此數語。

（四十五）饑寒由他逼，名利不關身。——高鶴年（一一六）

蒲團子按 高鶴年先生名山遊訪記中，此類記錄隨處可見，也由此可以看出高鶴年先生瀟洒脱俗的風格。

（四十六）常想病時，則塵心漸滅； 常防死日，則道念自生。——融鏡（一二二）

蒲團子按 此堅定道念之法。

（四十七）路隔僊凡信已通，天公容我踏長虹；情知方廣神遊久，不在登臨杖履中。——王十朋（一一二三）

（四十八）賺他劉阮是何人，畢竟迷樓莫當真；我是天台狂道士，桃花多處急抽身。——梁同書（一一二四）

蒲團子按　此詩出自梁同書頻羅庵遺集反遊仙。梁同書，清代錢塘人，字元穎，號山舟，晚年自署不翁、新吾長，大學士梁詩正之子，以書法著名。

（四十九）念頭起處，須急察照。纔向欲路去，便挽回理路來。一起即覺，一覺便轉，此是轉禍爲福、起死回生之關頭。——赤城山玉京洞某師（一一二五）

蒲團子按　此做工夫必要之變法。雖非高明，然真實做工夫者，不可不留意也。

（五十）業海茫茫，難斷無如色欲；塵寰擾擾，易犯惟有邪淫。拔山蓋世之雄，坐此亡身喪國；繡口錦心之士，因兹敗節損名。今昔同揆，賢愚共轍。——印光（一一二九）

蒲團子按　語出清初周安士安士全書欲海回狂集法戒錄。

（五十一）渴飲半掬水，饑飡一口松；胸中無一事，長日對華峯。——永明壽（一三二）

蒲團子按　此住山真修行景況。

（五十二）古之學道者，纔入門，賓主相見，便以一大事因緣互相研究；今人相逢，羣居雜談，率多世諦。——覺朗（一三五）

（五十三）東澗泉通西澗水，南山風送北山雲。——高鶴年（一四三）

（五十四）綠楊陰下古溪邊，放去收來得自然；日暮碧雲芳草地，牧童歸去不須牽。——普明（一四九）

蒲團子按　此詩係宋普明禪師牧牛圖頌馴伏第五。

（五十五）來時有路，去時便誤。撐起眉毛，放開脚步。日上中峯，雲消野渡。努力向前，切莫回顧。——古偈（一五〇）

（五十六）莫道此間無險峻，前途猶有最高峯。——某僧（一五一）

蒲團子按 語出清世宗雍正御選語錄和碩雍親王圓明居士語錄。

（五十七）橋水流時明佛性，松風動處了禪心。——高鶴年（一五二）

（五十八）迢迢雲水陟峯巒，漸覺天低宇宙寬；東北分明觀大海，西南咫尺望長安。圓光化現珠千顆，旭日初升火一團；風雨每從岩下起，那羅洞裏有龍蟠。——張商英（一六八）

（五十九）野菜連根煮，山柴帶葉燒。——古語（一七三）

（六十）持身如泰山九鼎，凝然不動，則愆尤自少；應事若落花流水，悠然而逝，則趣味常多。——某過客（一七五）

蒲團子按 語出菜根譚。雖謂處世之道，然用之做工夫，亦頗有意味。

(六十一)踏遍溪山問所圖,探玄擇要是何如。長安大道當歸去,慚愧而今尚半途。——覺仁(一七五)

(六十二)口裏聖賢,心中戈劍。勸人而不勸己,名爲「掛榜修行」。拖泥帶水之累,病根在一「戀」字; 隨方逐圓之妙,便宜在一「耐」字。——某老紳士(一七六)

蒲團子按 此數語頗耐人尋味。能味得其中奧義,於工夫自有助益。

(六十三)十年之後看如何,百歲光陰一刹那。富貴又窮窮又富,滄江成路路成河。人生莫作千年計,在世須留陰隲多。莫道蒼天無報應,十年之後看如何。——牧童(一七七)

(六十四)百重雲水萬重烟,隨地安身到處眠。——高鶴年(一八二)

(六十五)岩前古路盡生蒿,數日無人走一遭; 圖利固然居市好,韜名恰是住山高。三更明月爲良伴,百尺喬松作故交; 念頭純淨無眷屬,一言相契勝同袍。——佚名(一八二)

蒲團子按 仙家嘗言:「小隱隱於林,大隱隱於朝。」悟真篇云:「須知大隱居市廛，何必深山守靜孤。」今之修煉者，每每引此等語爲據，以居朝者自詡。須知，無論小隱還是大隱，關鍵在「隱」，而不在「林」或「朝」，今日能小隱已屬難能矣。

（六十六）多飲傷神，貪色滅神，厚味昏神，飽食悶神，妄動亂神，多言損神。——某羽士（一八二）

蒲團子按　語出格言聯璧。此數者爲安神之道，「道在平常日用間」。

（六十七）盡日行山不見山，始知心與衆山閒；　明朝山外遥回首，蒼翠横空是此間。——佚名（一八四）

（六十八）聽靜夜之鐘聲，可醒夢中之夢；　觀澄潭之月影，足見身外之身。山河大地，已屬微塵，而況塵中之塵；　血肉身軀，且歸泡影，而況影外之影。非上上智，無了了心。——東霞（一八五）

蒲團子按　語出菜根譚。

（六十九）心體光明，暗室中有青天；念頭暗昧，白日下有厲鬼。人知名位爲樂，不知無名無位之樂爲真；人知饑寒爲憂，不知不饑不寒之憂更甚。——體安（一八五）

蒲團子按 語出菜根譚。

（七十）清晨入古寺，初日照高林；曲徑通幽處，禪房花木深。山光悦鳥性，潭影空人心；萬籟此俱寂，惟聞鐘磬音。——常建（一八七）

（七十一）欲向蓬萊去，那問路難行。——高鶴年（一八八）

（七十二）霽月風光同作伴，青山綠水共爲鄰。——修元（一八八）

（七十三）有時帶鍬鋤藥草，無事焚香對古松。——青蓮（一八九）

（七十四）行到山窮水盡處，前途更有路高低。——高鶴年（一九九）

（七十五）萬丈丹梯倚帝宮，紛紛求福往來通；我來訪道妙峯下，到此令人百慮空。回首千岩紅日麗，舉頭一柱白雲籠；修真苦行當年事，欲問頻催玉兔東。——古詩（二〇二）

蒲團子按　據查，此詩係明代歐陽必進所作。待考。

（七十六）嵯峨眾派獨嶐嵸，應是崑崙第一峯；四大名山皆拱極，五方仙岳共朝宗。鳥啼隱隱聞天語，鶴影翩翩度晚鐘；我正欲尋招隱地，桃花洞口白雲封。——樂醒居士（二〇三）

（七十七）水流源歸海，月落不離天。——楚公（二〇九）

蒲團子按　此係古語。高鶴年先生遊訪穹窿寺時，楚公所言。

（七十八）昔紫柏大師大悟以後，遊歷名山大川，隨方設化，以廣見聞。聖地道場，無不親歷其境。以其色力健强，日行三百里。以後遊者未聞其人。近來賴佛偷生之徒，奔走南北，販賣零碎，以求微利。雖到名山聖地，絕無一點景仰之心。——印光（二一一）

（七十九）風捲白雲去，杲日自然來。——文正（二二一）

（八十）頭頭物物真月現，雲雲霧霧何曾滅。——高鶴年（二二二）

（八十一）法雨消心火，慈雲掃世塵。——高鶴年（二二五）

（八十二）明月林間照，清泉石上流；上下無點埃，令人塵襟淨。——高鶴年（二二九）

（八十三）洗心賴境終非靜，避俗耽山亦是塵。——王宗沐（二三〇）

（八十四）竹密不妨流水過，山高豈礙白雲飛。——古語（二三二）

蒲團子按　係南宋道川禪師偈。

（八十五）山中倒有千年樹，世上難逢百歲人。——諺語（二三三）

（八十六）廬山竹影幾千秋，雲鎖高峯水自流；眼觀西北三千界，足踏東南十二洲。萬里長江飄玉帶，一輪明月滾金球；滿山美景觀不盡，天緣有分再來游。——康熙（二三三）

蒲團子按　名山遊訪記稱「相傳爲康熙皇帝所題」，内容與朱元璋廬山詩大多相同，只是次序及個別文字不同。

（八十七）長城萬里今猶在，不見當年秦始皇。——高鶴年（二四〇）

蒲團子按　據傳，此語出自清代張英。張英係清代名臣張廷玉之父，父子兩代宰相。相傳其家鄉族人與他人因宅基問題發生爭執，寄書張英求助，張英遂書「一紙書來只爲牆，讓他三尺又何妨。長城萬里今猶在，不見當年秦始皇」寄還。

（八十八）一脈寒烟，淡涵秋色；兩溪流水，洗滌塵心。——高鶴年（二四三）

（八十九）夜半吹燈方就枕，忽然這裏已天明。——高鶴年（二四五）

蒲團子按　語出五燈會元，係圓通德止禪師偈。

（九十）精舍對山多古意，明窗流水適天機。——高鶴年（二四九）

（九十一）五月清涼界，談經入鳳林；松風和梵語，流水奏幽琴。雲淡曼殊面，花妍古佛心；不須覓黃卷，遍演法王音。——一江（二四九）

（九十二）千年暗室，一燈能破。——高鶴年（二五一）

（九十三）策杖尋幽上翠巔，清涼春盡景方妍；千岩花綴千岩錦，五頂峯連五頂天。梵刹岧嶤凌日月，經堂寂寞鎖雲烟；真容欲睹知何在，極目蒼蒼意惘然。——性善（二五一）

（九十四）黃河兩岸起悲風，夜半清霜下碧空；鴻雁自南人自北，一時來往月明中。——梁佩蘭（二五五）

（九十五）祝融峯高天更高，太空人世如牛毛；風雲萬變一瞬轉，紅塵奔走真徒勞。——胡宏（二六〇）

（九十六）禪宮寂寂白雲封，枯坐蒲團萬慮空；　心定不知天已曉，忽驚身在月明中。——佚名（二六一）

（九十七）從靜中觀物動，向閒處看人忙，纔得超塵脫俗的趣味；　遇忙處會偷閒，處鬧中能取靜，便是安身立命的工夫。——南台寺主人（二六三）

蒲團子按　語出菜根譚。

（九十八）念念猶如臨敵日，心心常若過橋時。——僧度（二六五）

（九十九）山林雖是勝地，縈戀便成市朝；　心地苟無染着，欲界亦是仙都。——遊客（二六六）

（一百）先去私心，能辨公事，纔可以學佛；　先平己見，能聽人言，纔可以聞經。——魏、張二公（二七七）

（一百零一）惜氣存精更養神，少思寡欲勿勞心。飯心靜默，可以長春。——蕭某（二七八）

（一百零二）爭名奪利枉徒勞，大限來時那裏逃。——慧寬（二八一）

（一百零三）修行人本分，不求名聞利養，不貪欲樂，念念上求佛道，心心下化眾生。——覺證（二八二）

（一百零四）枯木崖邊，是助道緣；靜裏工夫，縱橫無礙。——妙樹（二九〇）

（一百零五）閒尋野菜和雲煑，聊拾枯松帶雪燒。——高鶴年（二九七）

（一百零六）寵辱無驚，肝木自寧；動靜以敬，心火自消；飲食有節，脾土不洩；調息寡言，肺金自全；恬淡寡欲，腎水自足：如是能行，是修行法。——趙老真人（二九九）

蒲團子按 語出格言聯璧。

（一百零七）流水下灘非有意，白雲出岫本無心。——胡某（二九九）

（一百零八）黃葉菜，白鹽炒，只要撐得肚皮飽；若因滋味妄貪求，從茲俯仰增煩惱。粗布衣，無價寶，補上又補年年好；盈箱滿篋替人藏，何曾件件穿到老。——舟中客（三〇〇）

（一百零九）知足之人，雖臥地上，心中安樂；不知足者，雖處天堂，亦不稱意。知足者雖貧而富，不知足者雖富而貧。——某客（三〇〇）

蒲團子按 語出佛遺教經。

（一百一十）慎風寒，節飲食，寡嗜欲，戒煩惱，即是却病良方。——蕭羽士（三〇一）

（一百一十一）木有根則榮，根壞則枯；魚有水則活，水涸則死；燈有油則明，油盡則滅；人有精則壽，精盡則夭。——某客（三〇一）

蒲團子按 語出格言聯璧。

（一百一十二）名高惹人忌，名下眾人輕。慚愧無道德，六時將心耕。——高鶴年（三〇二）

（一百一十三）公己公人，吴越是一家；自私自利，父子成讎敵。——王一亭（三三〇）

蒲團子按　語出格言聯璧。公人宜先公己，己既不公，何求人公？又何言「是一家」耶？

（一百一十四）徵事宜讀史，澄心宜靜坐，學道宜訪友，求福宜積德。——王一亭（三三一）

蒲團子按　語出格言聯璧。「四宜」之道，入世出世，皆宜留意。

（一百一十五）魚吞餌，蛾撲火，未得而先喪其身；猩醉醴，蚊飽血，已得而隨亡其軀。——佚名（三三二）

蒲團子按　語出格言聯璧。

（一百一十六）三山六水一分田，世上農民種不全。——諺語（三三二）

（一百一十七）到此禪關宿，方知山色多；萬松圍古寺，孤月上寒坡。——黄華（三三六）

（一百一十八）做工夫，鬧時鍊心，靜時養心，動時制心，行時驗心。但說者易，行者難。——黎乙真（三五一）

蒲團子按　雖曰「行者難」，然非不能行也。此四法爲修養工夫不可少者。

（一百一十九）人莫欺心，自有生成造化；事有天定，何必巧用機關。——靜修（三五一）

（一百二十）眼界要闊，遍歷名山大川；度量要洪，熟讀五經諸史。——張魏三（三五三）

蒲團子按　既要行萬里路，也要讀萬卷書，方能高瞻遠矚。做人、修仙，皆宜脚踏實地，廣參博覽，方有成功之機會。

（一百二十一）四面清風雲外地，山頭明月海中天。——高鶴年（三五四）

（一百二十二）飄泊西南十八秋，蒼蒼白髮已盈頭；乾坤有分家何在，江漢無情水自

流。長樂宮中春晝永，朝元閣上雨聲收；青蒲細柳年年綠，野老吞聲哭未休。——明建文帝朱允炆（三五五）

蒲團子按 此詩後，高鶴年先生評曰：「一代帝王，如此結局，可歎！」

（一百二十三）妄念纔興神即遷，神遷六賊亂心田；心田既亂身無主，六道輪迴在目前。——淨蓮寺住持（三五六）

蒲團子按 語見性命圭旨，無心真人語。

（一百二十四）隱居幽谷別何求，地有胡麻飯豈愁；一榻烟霞貧自足，半肩風霧樂忘憂。鶴翔松頂鳴新月，猴躍林間戲晚秋；謾說野人無伴侶，黃花翠竹好同儔。——古詩（三六四）

（一百二十五）松竹漸開池上月，樓臺深鎖洞中天。——高鶴年（三七二）

（一百二十六）富貴學道難，貧窮布施難，忍色離欲難，見好不求難，有勢不用難。——

黎一真（三七五）

蒲團子按　語出四十二章經。原爲佛言人之二十難。

「富貴學道難」之「學」，此當指聞、思、修三者而言。如果僅是好「道」，從古到今，富貴人中，不乏其人。

「貧窮布施難」之「布施」，不知何所指。須知，布施不應該僅指財物而言。如果僅指財物，貧窮之人自然「布施難」。

「忍色離欲難」之「忍」字，恐須斟酌。僅做身體之忍，終難離欲。蓋心理乃欲之源頭。且「忍」已是勉强之法，不能化而導之，恐生他變。故而「忍色」之說，尚須研究。

「見好不求難」，此乃真難。學佛、學道，都是追求「好」，也都難免執著。如果不學佛、學道，又無法證得生命之究竟。故而，見好是「求」還是「不求」，是個問題，值得思考。

「有勢不用難」，此則未必，亦當看如何用。

（一百二十七）曉山遥見赤城霞，近遠人烟四五家；　昨夜不知何處雨，滿溪流出碧桃

花。——高鶴年（三七七）

（一百二十八）爲愛寒山道，絕無車馬喧；獨臥重岩下，長伴白雲間。——寒山（三七七）

（一百二十九）有路不通世，無心庶可攀；石床孤夜坐，圓月出寒山。——寒山（三七七）

（一百三十）桎梏之士，因泉石成膏肓；解脱之賓，以山林爲藥石。——指月、破懷（三七九）

（一百三十一）雲山千里見，泉石四時流；我今纔一到，已勝五湖遊。——南宋吳芾（三八〇）

（一百三十二）做好人性情舒暢，血氣平和，夢裏清淨。——某客（三八八）

蒲團子按　所謂的「好人」，即心地良善、樂善好施之人。心地良善，則不易產生瞋恨、怨對，在很多事情上容易爲他人着想；樂善好施，則不重財貨，不重名利，樂於助人。如此之人，心底無私，自然性情常舒暢，自然血氣平和，自然夢裏清淨。

（一百三十三）信因果者，其心常畏，畏則不敢做惡；不信因果者，其心常肆，肆則無所忌憚。——雲水僧（三八八）

（一百三十四）仰天但使心無愧，作善何須人盡知。——某客（三八八）

（一百三十五）雨過羣峯翠欲飛，白雲松徑鳥聲微；山僧閒臥聞鐘起，共話無生見月歸。——程楠（三八九）

（一百三十六）二十年來不出山，花開花謝守松關；岩前多少庵居者，乞食王城總未還。——性航（三九一）

（一百三十七）我來住山不遊山，行住坐臥如閉關；只見道來不見山，谷中聲色我不看。——某師（三九二）

（一百三十八）渟渟靈水養靈珠，籟定波生注玉壺；　洗盡塵勞多少客，不知還解洗心無？——焦靜山（三九七）

（一百三十九）流水行雲爲上客，逍遥自在任遊行。——高鶴年（四一四）

附告　以上所錄百三十九條，係愚所喜愛者。每條後所錄人名，係名山遊訪記一書中，該條内容出自此人之口。經查閱，有些内容出自他書，故在按語作以註明。還有一些無法查得出處者，僅標註其名山遊訪記中之記錄。每條末尾之數字，係此條在香港心一堂出版社二〇一五年出版的戊子年改訂本名山遊訪記中之頁碼。

二〇一五年七月二十七日即乙未年六月十二蒲團子於存真書齋

高鶴年與陳攖寧

根據名山遊訪記的記載，高鶴年先生與陳攖寧先生，最晚應相識於一九一二年。當時月霞法師在頻伽精舍講經，高鶴年先生指導道場，陳攖寧先生與濮一乘先生參與研究。同時，此年佛學叢報出版發行，高鶴年先生的名山遊訪記，也由濮一乘與陳攖寧兩位先生從佛學叢報第三期開始連載。這是文字記載中，高鶴年先生與陳攖寧先生的初次交往。

一九一三年，高鶴年先生往五臺，陳攖寧先生作民國二年送鶴年居士朝五臺七律三首以贈。其一曰：「煩惱菩提事一般，刹那迷悟隔千山；直心到處堪回向，淨土何妨在世間。平地風波人道苦，漫天荊棘路途艱；羨君妙手空空也，南北東西自往還。」其二曰：「水陸兼程達上方，霎時炎熱化清涼；曾經雪嶺安禪寂，又向雲峯禮法王。參學驗知梅子熟，逢僧許問木樨香；金剛窟裏傳消息，話到三三莫較量。」其三曰：「愧我無緣難附驥，此身猶滯滬江濱；暗將去日推來日，願換前因作後因。六月仙槎泛青島原注：海程經過青島，五臺花雨洗紅塵；歸期未便輕相問，我亦萍踪浪迹人。」這三首詩中的第二首，後刊登於一九三五年二月十六日出版的揚善半月刊第二卷第十六期總第四十期，並附有小註。即送高鶴年居士朝五臺：「海陸兼程達上方註：喻禪淨雙修，霎時炎熱化清涼五臺別名清涼山；曾於祇樹參經座指哈同花園，又向雲峯禮法王五臺有雲峯勝境。飲水自知冷煖味六祖壇經語，逢僧應問木犀香禪宗機鋒語；金剛窟裏傳消息五臺有金剛窟，話到三三莫較量金剛窟一段公案。」只是部分字詞有些不同。

一九一九年六月，高鶴年先生於九華山度夏。因閏七月三十日爲地藏王菩薩的真生日，而此年恰逢閏七月三十日，高鶴年先生預見九華山有人滿爲患之況，且「沿途炎熱，山中氣寒，易於生病」，故開辦臨時醫院，並請陸伯和先生與陳攖寧先生自備川資來九華山施醫數月。陸伯和先生主西醫，陳攖寧先生施中醫。高鶴年，陳攖寧，蒲團子：戊子年改訂本名山遊訪記，香港：心一堂出版社，二〇一五：三三三四，三四一。

在一九三三年七月十六日出版的揚善半月刊第一卷第二期上，刊登了陳攖寧先生題高鶴年居士玉照詩一首，標題附註「圖爲擔笠着屐徘徊山石間」。詩曰：「返照迴光一現身，飄然雲外隔風塵；相看是我還非我，可笑知津又問津。夢裏河山老行脚，鏡中笠屐倍精神；本來面目今何在，流水無情草自春。」然揚善半月刊並未刊登高鶴年先生的照片。在陳攖寧先生編校的戊子年改訂本名山遊訪記目錄中，有一條「高鶴年居士三十六年前行脚攝影四幀，民國二年題高居士行脚攝影詩並書後」，作者爲「陳攖寧」。但各種戊子年改訂本，均未見有陳攖寧先生民國二年題高居士先生行脚攝影詩並書後。根據題高鶴年居士玉照題註所載「擔笠着屐徘徊山石間」，或即行脚攝影四幀之「行禪圖」。而四幀攝影，當爲一九一三年左右所攝，當時高鶴年先生四十一歲左右。

一九三五年五月，高鶴年先生的名山遊訪記，經許止淨、余了翁兩位先生校訂，由上海佛學書局出版發行。高鶴年先生贈送陳攖寧先生兩册。陳攖寧先生在看完此書後，寫了一篇讀高鶴年居士名山遊訪記，不僅回憶了其與高鶴年先生的友誼，也對此書過分讚美淨土宗提出了異議。文中提到，此書卷首四幅照片上的四句偈語，均爲高鶴年先生所作，而由陳攖寧先生代爲書寫。並且，草帽上的「慚愧」兩字，也是陳攖寧先生所書。文中對高鶴年先生給予了很高的評價，認爲高鶴年先生是「宗門健將，最講究真參實悟。雖然不喜歡賣弄口頭禪，然而也不像普通一般的居士們，開口就是『阿彌陀佛』」。同時也提出，這本書「差不多變成專門淨土宗的著作」。並對部分內容進行了分析，提出了自己不同的意見。陳攖寧：讀高鶴年居士名山遊訪記．揚善半月刊，一九三五，三（六）。陳攖寧先生直言不諱的文辭，若非與高鶴年先生有相當的友誼，恐怕也不會如此表達。或許正因爲這本書有陳攖寧先生認爲的不足之處，故在一九四八年，陳攖寧先生纔有了改訂名山遊訪記之舉。

一九四八年，高鶴年先生住穹窿山楞嚴臺。是年秋季，馬雲程等來訪道至穹窿山，見高鶴年先生房間破漏，遂與步雲和尚商議，由寺方出地基，在山後爲高鶴年先生建茅蓬一所。建造費用由馬雲程、盧象三、陶德乾、陳攖寧、盛君壽、奚祝昇、王心海、沈松岩等籌還寺中。高鶴年，陳攖寧，蒲團子．戊子年改訂本名山遊訪記．香港：心一堂出版社，二〇一五：三〇二。也就是在這一年，陳攖寧先生改訂了名山遊訪記。改訂本不僅對以前出版的各種版本進行了順序、疏理、删削、修正，還增補了一些以前未有出版過的內容。陳攖寧先生尚爲此書作了讀者須知、篇目提綱兩種。讀者須知闡述了高鶴年先生名山遊訪記的意義及行脚參訪與普通遊歷之區別，篇目提綱則將全書五十三篇篇目所及之道里、名勝、日期等一一羅列。從後來出版的情況來看，高鶴年先生對這個改訂本還是認可的。故而，在新中國成立以後，覺訊月刊社出版的名山遊訪記就是採用的這個版本。但覺訊月刊社出版時，刪除了大量的序文及詩篇。一九五六年秋，高鶴年先生委托游有維先生增補了相關序文與詩篇，並增加了湯國黎女士的一篇序文。只是，近代公開出版的名山遊訪記多是採用戊子年改訂以前的版本，不知何故。其實，由陳攖寧先生等改訂的名山遊訪記，不僅完善了以前版本的不足，而且也見證了陳攖寧與高鶴年兩位先生的友情，並見證了兩位先生真修實證的境界與虛懷若谷的氣度。

寫在後面

因爲研究陳攖寧先生，我閱讀了名山遊訪記，瞭解了高鶴年先生，也因之整理了由陳攖寧先生校訂、改編的高鶴年先生之著作名山遊訪記。陳攖寧先生主張仙學，高鶴年先生一意佛學，他們早年就相識，也相互尊敬，相互尊重。兩個人在各自的領域裏，都佔有一定的地位；兩個人都有多年遊訪的經歷；兩個人都重視真修實證；兩個人都虛懷若谷。他們兩位老先生，讓很多人欽仰。

在整理完高鶴年先生戊子年改訂本名山遊訪記後，我更羨慕高鶴年先生行脚的經歷，這是現在很少有人能做到的。如果有機會，能行行脚，或許對自己以前所學，會有不同的認識。

名山遊訪記是一位佛教居士寫的。我對佛學是門外漢。但這本書不僅適合於學佛的人閱讀，我覺得也適合於學仙的人、學道的人閱讀。在我看來，佛家與道家，或者說佛學與仙學，他們修煉的終極目標是相同的，就是解決生老病死的問題。名山遊訪記一書所載，就有不少關於修養方面的內容，這些內容是不分佛家、道家的。而且，很多道理、方法簡單明了，合乎「道在平常日用間」之向例。故而，戊子年改訂本名山遊訪記也是我願意向身邊好友推薦的一本書。

二〇一五年七月二十九日農曆乙未年六月十四日蒲團子於存真書齋

讀蔣維喬先生靜坐法著作雜記

我最初接觸蔣維喬先生及其因是子靜坐法，是一九九〇年前後。一直到二〇〇四年以後，一個偶然的機會，購得蔣維喬先生因是子靜坐法及因是子靜坐法續編線裝本，方始對蔣維喬先生及因是子靜坐法有了深入的瞭解，也產生了整理出版的念頭。後又通過各種途徑，瞭解了更多關於蔣維喬先生的養生學著作，並收集了其他幾種著述，合編於因是子靜坐法四種一書中。通過研究這些著作，我對蔣維喬先生與其靜坐法，也有了更進一步的認識。

蔣維喬先生修養之經歷

蔣維喬先生，字竹莊，自號因是子，江蘇武進今屬常州人。生於清同治十二年一八七三年，卒於一九五八年。他是近代的教育家、哲學家、佛學家、養生家。

根據蔣維喬先生的自述，其自幼多病，消瘦骨立。其父母因之憂慮其成年之後不育。大約在一八八四年，蔣維喬先生十二歲當時人們的年齡按虛歲算，故本篇之年齡、年份，與實際年齡、年份相差一年，即犯手淫，並因手淫日久，出現了夢遺、頭暈、腰酸、目眩、耳鳴、盜汗等症狀。而蔣維喬先生由於年幼，並不知道出現種種症狀的原因。

等到了十三四歲，蔣維喬先生已大約知道自己身體出現各種症狀是由於手淫的緣故，但屢戒屢犯，並不敢將這種情況告訴家人。當時蔣維喬先生身體極弱，步行難及二三里，凡出行則一夜必盜汗六七次。十五六歲時，又出現怔忡即心中躁動不安、心悸、午後潮熱等症。

一八八九年，蔣維喬先生十七歲。這年春天，蔣維喬先生每發午後潮熱，至第二日早晨天明時分方退。這種情況一直持續到一八九一年的夏天方始痊癒。

從十二歲到十八歲的五六年間，蔣維喬先生也曾在病重時請中醫治療過，但久服湯藥無效，故而最終放棄。這些年間，雖身體患病，但蔣維喬先生依然刻苦讀書，經常深夜不寐，以致身體更弱，病苦更重。

雖然，蔣維喬先生沒有將自己身體的情況告訴自己的父母，但其父則察知蔣維喬的病源所在，故時而給其示以修養心性的書，又示其醫方集解末卷所載的道家小周天之術。蔣維喬先生依書上的小周天之術稍稍行之，身體即得到改善，雖然未恢復强健之體，但較之幼年羸弱之體，則要好很多。但這個時候，蔣維喬先生並未堅持長期習煉小周天之術。

病來時心生恐懼，因懼而習小周天術，病情緩解即懈怠，久之則中止修習。誠如蔣維喬先生自述所謂「病作則懼，懼即習，病已則怠，怠則忘之」。從蔣維喬先生所謂「然自此知保貴身體，不加戕賊」可知，經過小周天的煉習，其手淫習慣已得到糾正。這時蔣維喬先生已年過十九歲。

蒲團子按　蔣維喬先生所謂醫方集解中所附，即勿藥元詮。蔣維喬先生在因是子靜坐衛生實驗談中曾云：「家中有一部中醫書叫醫方集解，它的末了一卷，說及癆病不是方藥所能治，必須自己靜養，可慢慢的轉弱為强。書中引用有道家的小周天方法，教人下手修養，我乃照樣學習，果然有效。」查掃葉山房版醫方集解卷末勿藥元詮，確有小周天等修養方法，但無蔣維喬先生所說的癆病需要靜養云云。倒是勿藥元詮前小序或與此有關。勿藥元詮小序云：「人之有生，備五官百骸之軀，具聖知中和之德，所係非細也。不加葆攝，恣其戕傷，使中道而夭，橫負天地之賦，卑辜父母之生，成不祥孰大焉。故內經曰：『聖人不治已病治未病。夫病已成而後藥之，譬猶渴而穿井，鬭而鑄兵，不亦晚乎？』茲取養生家言淺近易行者，聊錄數則，以聽信士之修持。又將飲食起居之禁忌，撮其大要，以為縱恣者之防範，勝於修藥而求醫也乎。」

根據蔣維喬先生的記述，他是從十七歲後做小周天工夫的。其具體方法，掃葉山房版醫方集解中載云：「先要止念。身心澄定，面東跏坐原注：平坐亦可，但前膝不可低，腎子不可著物，呼吸平和。用三昧印原注：掐無名指，右掌加左掌上，按於臍下。叩齒三十六通，以集身神。赤龍攪海，内外三十六遍原注：赤龍，舌也；内外，齒内外也。雙目隨舌轉運。舌抵上腭。靜心數息三百六十周天畢。待神水滿，漱津數遍，用四字訣原注：撮、抵、閉、吸也。撮提穀道、舌抵上腭、目閉上視、鼻吸莫呼，從任脈撮過穀道，到尾閭，以意運送，徐徐上夾脊中關，漸漸速些，閉目上視，鼻吸莫呼，撞過玉枕原注：頸後骨，將目往前一忍，直轉崑崙原注：頭頂，倒下鵲橋原注：舌也，分津送下重樓，入離宫原注：心也，而至氣海原注：坎宫丹田。略定一定，復用前法，連行三次，口中之津分三次嚥下，所謂『天河水逆流』也。靜坐片時，將手左右擦丹田一百八下。連臍抱住。放手時將衣被圍住臍輪，勿令風入原注：古云「養得丹田暖暖熱，此是神仙真妙訣」。次將大指背擦熱，拭目十四遍，去心火；擦鼻三十六遍，潤肺；擦耳十四遍，補腎；擦面十四遍，健脾。雙手掩耳鳴天鼓。徐徐將手往上，即朝天揖。如此者三，徐徐呵出濁氣四五口，收清氣。雙手抱肩，移筋換骨數遍。擦玉枕關二十四下，擦腰眼一百八下，擦足心各一百八下。」這一套小周天工夫，屬於中醫按摩、導引類，並非嚴格意義上的靜坐，與仙學的小周天工夫也有一定的區別。但這種按摩、導引之術，用之得當，對身體確有不少益處，特別是針對某些疾病，往往有意想不到的療效。汪昂的醫方集解勿藥元詮中，記錄的基本上都是導引、吐納、按摩之類的方法，如調息兩則、蘇子瞻養生頌數息、隨息法、小周天、道經六字訣即呵、呼、呬、噓、吹、嘻、一秤金即十六錠金及强陽固精、靜坐等，還有幾則生活起居之宜忌。俗語嘗言：「不藥問中醫。」即不想服用藥物而要治癒病體，可以諮詢中醫醫生。歷史上，也有很多醫家利用「不藥」的方法治療疾病。如流傳頗廣的五禽戲、八段錦之類。而從蔣維喬先生的實際經歷也可以看出，這些導引、按摩之法，確實有不錯的療效。

大約在一八九四年，蔣維喬先生二十二歲，是年娶妻成親。由於身體比幼時更爲康健，故其完全放棄靜坐小周天之術。又因爲不知節欲，以致舊病復發。加之飲食不節，導致胃擴張，食管發炎，胃嘈雜，思食而不欲食。友人勸其靜養，其遲疑不定。

一八九九年春，蔣維喬先生二十七歲，其仲兄蔣岳莊先生因患肺病去世。一九〇〇年，蔣維喬先生亦患咳嗽，不久即咯血，服用中醫湯劑，病反加劇，歷三個月而不癒。這時蔣維喬先生心生恐懼，怕蹈其仲兄之覆轍，於是「屏除藥物，隔絕妻孥，別居靜室，謝絕世事，一切不問不聞，而繼續其靜坐之功」。這時，蔣維喬先生二十八歲。

蔣維喬先生爲自己的靜坐擬定了詳細的計劃。每天早上三四點鐘起床，在床上趺坐一兩個小時。黎明時分下床洗漱，喫少許食物，出門，向東，迎太陽緩緩步行，至城隅空曠之地呼吸新鮮空氣。七八點鐘回家，喫早飯。飯後在室中休息一兩小時，隨意閱覽老莊及佛家書籍。十點鐘後再次靜坐。十二點鐘喫午飯。午後在室中緩步一段時間。下午三點鐘習古琴或出門散步。下午六點鐘再次靜坐。傍晚七點鐘喫晚飯。晚上八點鐘後，在室內散步。晚上九點靜坐。十點鐘後入睡。

按照這個計劃，蔣維喬先生日日行持，基本上不中斷。最初因急於治病，行持過猛，每入坐則妄念橫生，且愈除愈甚；調息則呼吸反不順暢，胸部堅實如有物梗。或許因爲以前用此法曾使身體狀況改善，故其「深信此術有益，持以百折不回之志，絕不稍懈，而困憊益甚，幾至中輟」。因之求教於善此術之鄉中長者，告曰：「汝誤矣，習此者以『自然』二字爲要訣，行、住、坐、臥，須時時得自然之意，徒恃枯坐，勉强以求進，無益也。」蒲團子按：長者之語，確爲至理名言，不僅適合於當時的蔣維喬先生，亦仍然適合於今天好事養生乃至一意仙學者。蔣維喬先生得長者言而大悟，自此，凡入坐，一任自然。如有不適，即徐起緩步室中，俟身心調和，再行入坐。蒲團子按：蔣維喬先生這種經驗，亦是今日修養之士不可不知者。凡因做修養工夫而身體出現不適者，切忌孟浪行事。最好的辦法，就是先停下工夫，找出原因，或讓身心平靜下來，然後再繼續做工夫。特別是工夫做到陽興而又無法調伏之時，更宜先下坐緩行，否則易出現走丹乃至更嚴重的流弊。

此則不獨針對男性，女性更宜愼重。

蔣維喬先生從一九〇〇年三月初五日開始靜坐，隨着工夫的漸進，精神日健，體力增加。過去走一二里則足輭不能行，此時則行十餘里亦不見疲勞。每入坐後，覺臍下丹田有一股力往來動盪。至五月二十九日晚間，丹田中突然震動，「雖趺坐如常，而身體爲之動搖，幾不自持，覺此熱力，衝開尾閭，沿夾脊而上達於頂」「如此者六日，震動漸止」。第一次出現此種現象，是蔣維喬先生正式靜坐的第八十五日。此後，丹田熱力自然循熟路而行，而震動之象漸弱，舊時所患之怔忡、心悸、腰酸、頭暈、耳鳴、目眩、咯血、咳嗽等疾病，一朝痊癒。胃擴張雖未愈，但自此不再加劇。

在一九〇〇年，蔣維喬先生閉門靜坐，謝絕人事，並「禁欲以養精，禁多言以養氣，禁多視以養神」，工夫漸入佳境。一九〇一年，蔣維喬先生二十九歲，爲生活所迫，開始外出工作，而靜坐則不能跟以前一樣，遂改爲每日早、晚各一次。一九〇二年三月十八日、十月初五日，又各出現震動一次。自第三次震動之後，「自是每入坐後，此熱力即自後循夾脊而升到頂，由顏面下降而胸而入臍下，循環不已」「從此舊疾永不復發」「每與友人登山，輒行山路數十里，不稍倦」「江陰與武進陸路距離九十里，暑假時與一友比賽遠足，早晨自江陰起行，午後四時抵武進，步行烈日之中，亦未嘗疲乏也」。

一九〇三年，蔣維喬先生三十一歲。是年赴上海工作，研究西方的哲學、生理學、心理學、衛生學等書籍，並將這些科學知識與自身靜坐工夫相印證。根據自身體會與科學的結合，蔣維喬先生開始以科學的方法，來說明靜坐的原理，以掃除中國傳統靜坐修煉中陰陽五行、鉛汞坎離等晦澀名詞之影響。特別是看到源於中國的靜坐法在日本頗爲盛行，岡田虎二郎、藤田靈齋所倡導的靜坐法及著述說理平實、不涉神異，而岡田式靜坐法開篇第一句說是「靜坐法者，岡田虎次郎先生所創造、躬行、教導之心身修養法也」，蔣維喬先生鑒於中國古老相傳之靜坐法興盛於異邦，且已趨於科學化，而我國之靜坐尚流傳於民間，並依然神秘化，故於一九一四年出版了因是子靜坐法一書，用生理學、心理學知識，詳盡地解釋了自古相傳的靜坐法及其原理。蔣維喬先生應該是將古代修煉內容進行科學化研究、闡釋的先行者之一。與今日科技發達、醫學進步的時代，還有一些利用修煉之道故弄玄虛者相比，一百年前前輩們的科學精神與行爲，是值得我們欽仰和學習的！

一九一七年，蔣維喬先生四十五歲。是年，蔣維喬先生到北京。一說是一九一五年到北京。此時蔣維喬先生已研究佛學。北京的道友都說蔣維喬先生的靜坐法是外道，必須改正。時諦閑法師在北京講圓覺經，蔣維喬先生遂從諦閑法師習天台宗止觀法門。因爲因是子靜坐法出版後，蔣維喬先生收到很多問道信函，又因梁漱溟先生在其著維識述義中稱「蔣某好談佛法，但我看他的著作，實在是醇乎其醇的外道思想」，故蔣維喬先生在梅光羲、徐文霨等人的督促下，依小止觀、釋禪波羅蜜次第法門及他種經論，附以己意，用淺顯的文辭，編寫了因是子靜坐法續編一書，於一九二二年出版印行。因是子靜坐法續編與前編不同，前編主要以道家的小周天工夫爲主，續編則以佛家的止觀法門爲主。

在因是子靜坐法續編出版之前，於一九一五年，蔣維喬根據日本人美島近一郎之朝食廢止論而輯述了健康不老廢止朝食論一書，又於一九一九年譯述了岡田式靜坐法一書。

蔣維喬先生從一九一七年開始修習止觀法門。一九二六年，蔣維喬先生五十四歲，上海道友有十數人要從持松法師修習東密十八道。有人邀蔣維喬先生一同去學習。蔣維喬先生出於好奇，爲了瞭解密宗的究竟內容，便前去參加。但因爲儀軌繁重，且當時工作繁忙，不得不暫時放棄對東密的學習。

一九三三年，蔣維喬先生六十一歲時，曾從諾那上師學習西藏密宗開頂法。當時只是學習了方法，回家自修，也未見成效。一九三七年春天，蔣維喬先生六十五歲，聽聞聖露上師在南京傳授西藏密宗開頂法，並能夠克期見效，乃趕往南京毘盧寺學習。十五天頭頂即可插入吉祥草。但蔣維喬先生在以後的修習中，依然以止觀法門爲主，以頗哇法爲輔。

一九四七年，蔣維喬先生七十五歲時，隨貢噶上師學大手印法。雖有人質疑其所學太多，忽密忽顯，非一門深入，然蔣維喬先生則認爲自己始終不離定功，學習其他方法的目的也是爲了幫助定功的深造。

一九五四年十月，蔣維喬先生因是子靜坐衛生實驗談一名中國醫療預防法脱稿，經張贊臣先生謝利恒先生之學生校訂，於一九五四年十二月正式出版。

一九五五年，蔣維喬先生八十三歲。舒新城、周惺更兩位先生與蔣維喬先生見面時提到，希望蔣維喬先生能寫一册讓文化水平較低者看得懂的養生書。因此，蔣維喬先生在是年五月，撰寫了中國的呼吸習靜養生法又名氣功防治法。

一九五六年，中醫雜誌第十號刊登了蔣維喬先生於首都中醫研究院作報告時的談談氣功治療法講稿一篇。

一九五八年，蔣維喬先生去世。

蔣維喬先生的靜坐法著作

蔣維喬先生靜坐法的著作有四種，即因是子靜坐法、因是子靜坐法續編、因是子靜坐衛生實驗談一名中國醫療預防法、中國的呼吸習靜養生法又名氣功防治法。除此之外，尚譯述岡田式靜坐法、輯述健康不老廢止朝食論。

因是子靜坐法

因是子靜坐法一書，於一九一四年由商務印書館出版。此書的銷量及版次極多，我未見過此書完整的初版，也不知道初版的具體情況如何，也不知道「訂正本」始於何時。但從相關的資料來看，訂正以前的內容與訂正以後的內容，還是有不少區別的。特別是叙文，「民國六年」的序，與「民國三年」的序，相差不少。如一九一四年初版叙文開篇云：「靜坐法，即古之導引術也。導引之說，人多不易解，故名曰靜坐云爾。古之醫術，本有藥餌、鍼砭、導引、按摩諸法。藥餌、鍼砭，治於已病；導引、按摩，治於未病者也。自漢以後，專尚方藥，其他寖以失墜，惟導引乃專爲方士所用，附會陰陽、五行、坎離、鉛汞諸說，其術遂涉於神秘，爲搢紳先生所不道。」此叙文在一九一六年七月七版中尚沿用。根據訂正叙文末署「民國六年十一月因是子識」等字樣，可知是書於一九一七年十一月訂正。至於版次，尚待考證。而一九一七年十一月訂正後的叙文則云：「靜坐法，即古之所謂內功也。古者養生之術，本有外功、內功二者。醫術之藥餌、鍼砭，治於已病；養生之外功、內功，治於未病者也。自後世失其傳，習外功者多椎魯而無學，而內功又專爲方士所用，附會陰陽、五行、坎離、鉛汞諸說，其術遂涉於神秘，爲搢紳先生所不道。」從初版的叙文來看，蔣維喬先生所謂的靜坐法，應該就是醫方集解中集導引、靜坐、按摩於一體的方法。但因是子靜坐法一書的正式內容中，則主要是靜坐法，已沒有導引、按摩的內容。故訂正叙文對靜功的闡述更爲合理。

關於因是子靜坐法的作者，不知道初版是否有「武進蔣維喬著」字樣。雖然初版也有蔣維喬先生的照片，但書中有一篇因是先生的文章。文章云：「先生不知何許人也，亦不詳其姓氏。好道，不主故常，而惟其是之從，故自號曰『因是』云。性剛直，寡言笑，率性而行，不好隨俗，視富貴得喪，漠如也。生平無他嗜好，惟喜山水，以每歲春秋出遊，攜罌裹糧，徜徉山水間，竟日忘歸。登山輒造其巔，日行數十里以爲常。將天下名山，必皆有先生之足迹焉。嘗傭書，自食其力，著述頗富。人或以是稱之，先生夷然曰：『古之作者，窮畢生之力，方著一書，今吾十餘年間，而著述之多已如是，是稗販之役也，奚作爲？』恒閉户靜坐，窺見心性。或鼓琴自娛，第習數引，勿求精也。年老，厭棄世事，辭家入山，飄然長往，莫知其所終。讚曰：『觀先生之體貌，清癯枯瘠，常若病然，而實不病，其神全者耶。遊戲人間，了無執著，而又勤於修德，篤於自守，不爲放誕狂異之爲，可謂有道之士矣。』」此篇文章，自是蔣維喬先生之自況。此書作於蔣維喬先生四十二歲之時，故「年老，厭棄世事，辭家入山，飄然長往，莫知其所終」諸語，當是蔣維喬先生對自己以後的打算。但書中未直接註明「因是」爲蔣維喬先生之號。將「因是子」明確標明爲蔣維喬先生之自號，應該是後來的事。從這篇文章來看，在撰寫因是子靜坐法之初，蔣維喬先生應該有意隱去自己的真實姓名。

因是子靜坐法除訂正敘文外，由原理篇、方法篇、經驗篇和附錄組成，後來又增加了靜坐法問答選錄。

原理篇結合傳統修煉、傳統中醫與現代科學，對人體及靜坐與人體的關係進行了闡述。如「靜坐之法，淺言之，乃凝集吾之心意，注於重心之一點，使之安定。行之既久，由勉强幾於自然，於是全身細胞，悉皆聽命，煩惱不生，悅懌無量」，基本上清楚地說明了靜坐工夫中意守丹田的根本意義。原理篇中，對生理學、心理學的闡述，不僅可以方便知識階層對傳統神秘的修煉術有科學的認知，也可以指導人們科學、正確地實踐靜坐法。

方法篇包括靜坐前的準備、呼吸與靜坐時身體内出現的反應三個方面。

靜坐前的準備，又分爲靜坐環境與用具的準備、身體的調整、心緒的調整與時間的設定等方面。

比如靜坐最好辟靜室一間，或用臥室，開窗閉户，不使他人打擾；準備厚褥或墊，以便長久靜坐時不使身體，特別是腿部受累。又如靜坐前宜寬衣解帶，使肌肉不受拘束。蔣維喬先生在答讀者問時曾提到，條件允許的情況下，可赤裸身體打坐，更無拘束。

在調整身體方面，提到身體要端正平直，脊柱不彎曲；入坐後宜徐徐張眼，舒放手足。在盤足形式上，蔣維喬先生比較注重雙盤，也認可單盤。並提到，初習盤坐時，會覺得麻木，忍耐一下，久之則漸漸會歸於自然。如果不能忍，或可換一下腿，或者暫時鬆馳雙腿，待麻木消除後再行盤坐。另外，對雙手、胸部、臀部、腹部及頭面都有要求。如頭頸要正直，面宜向前，兩耳宜如不聞，眼宜輕閉或微開，口不言，舌抵上腭，胸部微前俯，臀部的位置宜利於脊柱正直不曲，腹部宜定等。這些細節，都是靜坐時必須注意的。

至於調整心神，蔣維喬先生介紹了注重重心意守丹田、返觀内照、收視返聽及純任自然等方法，並提出要有如宗教家一樣的信仰心。有信仰心纔能堅定不移地行持。此信仰非迷信家之信仰。

對於時間的設定，蔣維喬先生根據自己的經驗及各人的具體情況，提了參考意見。

呼吸方面，蔣維喬先生提到兩種腹式呼吸法，即順腹式呼吸即蔣維喬先生所謂自然呼吸與逆腹式呼吸蔣維喬先生所謂正呼吸，並詳細闡釋兩種呼吸方式之優劣。我認爲，蔣維喬先生對於呼吸的說明太細緻。雖蔣維喬先生在其他文字中說過，這些不必執著，以自然爲要，但這種細緻的說明，很容易引起依此修習者之執著。特別是對於没有老師指導，應該以自然呼吸爲要，不要去刻意追求順腹式呼吸、逆腹式呼吸或胸式呼吸等，正常呼吸即可。慢慢地，呼吸會自然深長。

以上調整身體、調整呼吸、調整心神，即後世所謂的調身、調息、調神之「三調」。此「三調」所及，對當今的習靜者而言，依然有着指導意義。記得在二十世紀八十年代、九十年代，很多靜坐流派都採用「三調」的內容。

至於身體的反應方面，則是蔣維喬先生根據自己身體震動的經驗，給讀者提供的參考資料。

經驗篇除了介紹蔣維喬先生自己從事靜坐的過程，還提到了幾個比較重要的內容。一是靜坐須知「忘」字訣。蒲團子按：蔣維喬先生認爲，靜坐宜得自然，最爲緊要。欲得自然，即只須靜坐，忘掉欲達到的目標。如果目標太過牽心，則心緒不能平靜，妨礙工夫的進步。二是不可求速效。蒲團子按：靜坐工夫，因各人體質、文化修養、智慧、家庭、環境等多方面條件之不同，效果也各不相同。有人見效快，有人見效慢，都是很正常的。即如書中所謂的百日築基工夫，有人數十天即可達到，有人窮其一生亦未必達到。故靜坐工夫，只自然做下去，至於工夫的成就，是水到渠成的事，不是勉強追求得來的。三是身體的反應與工夫的效果沒有必然關係。四是要保持充足的睡眠，儘量能獨居禁欲。蒲團子按：現在做工夫的人，很多人不在意睡眠的充足與否及睡眠的質量。特別是專門做工夫的人，一定要有充足的睡眠，否則不利於工夫的進步。即使爲了治病或健康而做工夫者，也應儘量保持充足的睡眠。人在睡眠的時候，由於身體的放鬆，神經系統及循環系統也趨於順暢，人體的自我修復功能也更能發揮作用。如果有高質量的睡眠，則有利於身體自我修復功能的發揮，對身體的健康及病體的康復，均能起到促進的作用。高質量的睡眠，至少要有充足的睡眠。所以，充足的睡眠很重要。即使不做工夫的人，也需要充足的睡眠。至於獨居禁欲，專門做工夫的人及借做工夫而治療疾病的人應該更爲注意，至於普通爲了健康而做工夫者，則不一定完全獨居禁欲。五是儘量少食。蒲團子按：古人有「未飽先止，已饑方食」之說。做靜坐工夫的人，可以參考。

附錄在原來的版本中，只收錄了因是先生傳與詠懷五首兩篇。一九一九年一月十三版中，還是這兩篇內容。在註明「民國二十二年三月國難後第一版」、「民國二十八年九月國難後第五版」的版本中，增加了老友簡翁於富春江見懷寄贈然而吟一首、日本提倡靜坐法者岡田、藤田二派之比較、岡田虎二郎之死三篇。

在「民國二十二年三月國難後第一版、民國二十八年九月國難後第五版」的版本中，還有靜坐法問答選錄，是蔣維喬先生回答因是子靜坐法出版後各地讀者的來函提問，對因是子靜坐法也是一種補充，值得仔細閱讀。

因是子靜坐法應該是我國最早將傳統靜坐方法進行科學闡述的著作。在此之前的仙學、養生、靜坐著作，雖然也有接近科學思想者，但由於當時西方的現代科學尚未在中國流行，一些西方先進的思維還沒有被引入仙學、養生、靜坐類著作中。在民國時期，有不少前輩已注意及此，也有不少人將傳統養生與現代科學相結合，這是一種進步。陳攖寧先生一生研究仙學，其對仙學也採用科學的研究方式。胡海牙老師更是一直主張用現代的科學研究成果來解釋仙學，特別是三元丹法與中醫針藥的作用機制。然而，在今天，我們常能聽到有些人刻意地將一些本來應該用科學能解釋清楚的養生內容進行神秘化，這是讓人心痛的。我有一位朋友，在教一種養生方法時，刻意地加入一些不相干的東西。我當時以爲他學的時候，老師就是這樣教他的。孰料，他告訴我，這些東西都是他自己加進去的，目的是爲了讓學習的人有點神秘感。因此，我更推崇諸如蔣維喬先生、陳攖寧先生及胡海牙老師等前輩重視科學的觀點，故對因是子靜坐法也較爲重視。雖然，蔣維喬先生的因是子靜坐法還有一些值得商榷的內容，但其思想的先進性及方法的科學性，至今值得我們學習。

因是子靜坐法是一部理論科學，方法清晰、完整，可操作性强的著作，是養生愛好者、仙學愛好者及一些慢性疾病患者值得閱讀的著作。這類的著作，在今天也不多見。

因是子靜坐法續編

因是子靜坐法續編最初於一九二二年三月出版印行。關於這本書的撰寫，蔣維喬先生在因是子靜坐法續編叙例中作了說明。原因有二。一是因是子靜坐法一書出版後，各地讀者來函求教者頗多，蔣維喬先生無法將自己近期參悟一一告之，故撰書以作答。二是蔣維喬先生自一九一七年到北京隨諦閑法師專心學佛法，拋棄原來的靜坐法，專習止觀法門。因其因是子靜坐法一書係介紹道家方法，此時學佛，恐別人認作兩人，又因梁漱溟維識述義中認爲「蔣某好談佛法，但我看他的著作，實在是醇乎其醇的外道思想」，故而在梅光羲、徐文霨等友人的督促下，撰寫了這本介紹佛法修養的著作。雖然此書有部分宗教的內容，但蔣維喬先生還是在一定程度上保持了其科學的思維。

此書由靜坐前後之調和工夫、正修止觀工夫、善根的發現、覺知魔事、治病、證果六個部分組成，末後附有佛學大綱。

靜坐前後之調和工夫一章，調飲食、調睡眠從飲食、睡眠對人體的影響，闡述了調整、調和飲食與睡眠的原理和方法；調身、調息、調心則從理論機制與具體方法上對身體的姿勢、呼吸及意識的調整與調和作了詳細的說明。以上五個方面，均對因是子靜坐法一書所述做了完善，讓讀者更能瞭解調和飲食、睡眠、身體姿勢、呼吸及意識在靜坐工夫中的意義與具體操作方法。而此章調伏三毒，只是解釋佛家所謂的「三毒」，即貪、瞋、癡三者。題目雖曰「調伏」，然「至調伏之法，於下文止觀章對治觀中詳之」。其實，此處所謂的「調伏三毒」，亦當屬於調心之範疇。

正修止觀工夫分爲五個部分：修止介紹了繫緣止、制心止及體真止三種止法在靜坐時止息妄念的具體修持方法；修觀介紹了不淨觀、慈悲觀及因緣觀三種觀法在靜坐法中的應用；止觀雙修則是因爲「止若無觀，心必昏沉；觀若無止，心必散亂；故必二者雙修，方得有效」；隨時對境修止觀介紹了日常生活中，即「一切時，一切境」，亦即「行時」、「住時」、「坐時」、「臥時」、「做事時」、「言語時」，修持止觀法門的方法；念佛止觀則是以淨土宗念佛法門爲修持方法的法門，也是最簡便的止觀法門，是止觀法門中的方便法門。其中細節，應是做靜坐工夫者需要瞭解的。特別是在靜坐遇到相關障礙時，用這些方法就有可能解決。

善根發現則是對止觀法門中止息忘念、不淨觀、慈悲觀、因緣觀與念佛止觀五種法門中偏於宗教部分的闡釋，也可看作是對止觀法門更深一層的理解，或者說是對止觀法門工夫境界的一種說明。但蔣維喬先生也明確提出，對這些所謂的善根發現，不可有意求之，不可執著，宜仍用止觀法門，繼續精進。因本章偏重於宗教成分，故除非有正確的宗教信仰者，其他從事靜坐者，僅可參考。

覺知魔事本是對靜坐中出現的一些狀況及處理方法的介紹。做靜坐工夫者，常有出現種種怪異境象者，或令人生恐怖，或令人生貪愛，亦或無愛亦無怖，被稱之爲魔境。這是做工夫常有的事。這種情況，用現代心理學知識可以解釋其中一部分內容，還有一些內容用現代的知識尚無法完全解釋。蔣維喬先生在此章介紹了修止、修觀及念佛對治「魔事」的方法。特別是念佛法，是最爲簡便之法。其實，無論是用止、用觀，還是用念佛法門，其意無非是繫念一處，心不外鶩。

治病、證果兩章，治病是止觀法門在身病中的一些運用，有助於醫學治療；證果則是止觀法門在佛教修持中所能證到的果位，偏重於宗教範疇。

附錄佛學大綱，是蔣維喬先生對佛學知識概述。

因是子靜坐法續編雖然介紹的是佛教修持法門，但從做工夫的角度來看，本不應該有佛教、道教，或佛家、仙家之分。此書中的內容，是正式做靜坐工夫時的變通之法。靜坐工夫，以靜爲主，但靜坐時往往會出現一些狀況，本書內容則是對治這些狀況的可用之法。當然，止觀也可以作爲一種長期專修的法門，這是符合「一門深入」的。專門修止，或修觀，或止觀雙修，或念佛止觀，均是息心除妄的方法，有助於促進入靜，也符合道家「凝神歸一」的理論。

因是子靜坐衛生實驗談

本書一名中國醫療預防法，是蔣維喬先生一九五四年所作。此書是在因是子靜坐法與因是子靜坐法續編的基礎上編著而成，通過原理、方法及蔣維喬先生的個人經驗，對前二書進行了補充與完善，並引入了新的科學知識。

原理部分，除了對「靜」字的解釋及對身心矛盾的討論外，主要從神經系統、血液循環系統、呼吸系統及人體新陳代謝等方面與靜坐的關係，解釋了靜坐的意義及其對身體的影響，以圖讓靜坐者在理論的指導下，更有效地達到靜坐應該產生的效果。書中所引用的神經、血液、呼吸及新陳代謝等理論，對傳統靜坐法的研究，有着深遠的意義。即使在今日，這些理論對研究傳統養生術或修煉術還有着重要的意義。現在科研機構對靜坐及相關養生方法的研究，也是從神經、血液、呼吸及新陳代謝等方面來論證的。這部分內容，應該是做靜坐工夫者必讀之內容。瞭解這些方面的知識，不僅能科學地做靜坐工夫，還可以在靜坐出現異常時進行有效的糾正。

方法方面，靜坐前後的調和工夫詳細、科學地闡釋了靜坐前後需要注意的事項及需要調整的事宜；調飲食、調睡眠主要從飲食及睡眠對身體的關係，解釋了飲食、睡眠對靜坐的影響；調身則介紹了雙盤、單盤、散盤的姿勢，並補充了靜坐前吐納及靜坐後按摩、吐納等內容；調息則介紹了喉頭呼吸、胸式呼吸、腹式呼吸及體呼吸四種呼吸方式，並闡釋了坐前呼吸方式、坐中呼吸方式與坐後呼吸方式。蒲團子按：蔣維喬先生曰「學者在平常時候，應該注意鼻息出入，不可麤淺，宜從喉胸而漸達腹部，是爲坐前調息的方法。在入坐時，息不調和，心就不定，所以必使呼吸極緩極輕，長短均勻。也可用數息法，或數出息，或數入息，從第一息數至第十，然後再從第一息數起。若未數至十，心想他事，以至中斷，就再從第一息數起。反覆練習，久久純熟，自然息息調和。這是坐時調息的方法。因調息的緣故，血液流通，周身温熱，在坐畢時，應該開口吐氣，必待體中温熱低減，回復平常狀態後，方可隨意動作。這是坐後調息的方法」。此處所論調息之法，當係蔣維喬先生自己的經驗之談，極具參考價值。但讀者亦不可拘泥於此。調心除了解釋調心的意義外，還着重介紹了散亂與昏沉兩種靜坐中常有心象的對治方法。蒲團子按：蔣維喬先生曰「入坐時，每有兩種心象：一是心中散亂，支持不定；二是心中昏沉，容易瞌睡。大凡初學坐的人，每患散亂；煉習稍久，妄念減少：這是用功人的通病。治散亂的病，應當一切放下，看我的軀體也是外物，不去睬它，專心一念存想小腹中間，自然能够徐徐安定；治昏沉的毛病，可把這心提起，注意鼻端，使精神振作。大抵晚間靜坐，因白天勞倦，易入昏沉，早晨入坐就可避免。又可用前面數息方法，從一到十，數得不亂，久久習熟，心與息相依，則散亂、昏沉兩病，都可避免。這是坐時調心的方法。坐畢以後，也要隨時留意，勿再胡思亂想，這是坐後調心的方法」。另外，蔣維喬先生還提出：「以上調心身、調息、調心三法，實際係同時並用，爲文字記述便利起見，乃分作三節，讀者應該善於領會，切勿逐節分割去做。」散亂與昏沉是初學靜坐時最常見的，也是最不易解決的問題。蔣維喬先生這段叙述，雖不能說是最好的辦法，但對大多數人來說，是行之有效的辦法，讀此書者當留意焉。

在方法方面，蔣維喬先生還着重介紹了止觀法門與六妙法門。這是因爲蔣維喬先生將調身、調息、調心作爲靜坐前後的調和工夫，而將止觀法門與六妙法門作爲靜坐的正式工夫。而蔣維喬先生自己也是以止觀爲主要修持法門的。在此書中，蔣維喬先生云：「調和工夫，雖然把調身、調息、調心三者並說，仍偏重在身的方面」「止觀法門，則偏重在心的方面」「六妙法門，則着重在息的方面」。此又是將靜坐前後的調和工夫歸屬於調身，將止觀法門歸屬於調心，將六妙法門歸屬於調息。

經驗方面，蔣維喬先生詳細介紹了自己因身體原因學靜坐，及靜坐的各個階級，乃至從道教方法到佛教方法，到密宗方法的修學過程，以及靜坐過程中身體內出現的各種現象。蔣維喬先生也明確指出：「我雖學種種方法，始終不離『定功』，目的無非要它幫助我的定功深進。」

在此書的末尾，蔣維喬先生寫道：「靜坐養生是預防醫學，自古以來流傳不絕，雖然不大引人注意，近年來已有人提及，乃是好消息。這方法在培養本元，令人能够掌握自己的身心，防病未然，豈不是人人應該學習的嗎？　但這法看似容易，學習起來，如果沒有耐心、恒心、堅決心，便不能够收效。」此外，蔣維喬先生還對靜坐法以後的發展提出：「至於進一步的解釋，仍然有待今後生理學家、醫學家努力研究和發掘。」這也是科學務實的態度，值得今日喜好修養、從事靜坐工夫者學習。

中國的呼吸習靜養生法

此書又名氣功防治法，作於一九五五年，是在舒新城、周惺更的要求下，爲普通大眾撰寫的一本語言通俗、淺顯，普通人易於接受、易於學習的靜坐養生書籍。

此書名爲「呼吸習靜」，又名「氣功防治」，故在方法上較側重於呼吸。因此，在此書的理論部分，既有生命與呼吸，也有疾病的來源及疾病的預防等內容。與因是子靜坐法、因是子靜坐衛生實驗談一樣，理論依然是用現代科學知識進行闡釋。

在靜坐的方法中，蔣維喬先生介紹了雙盤式、單盤式及散盤式，並介紹了垂腿直坐式及兩種臥式，這樣可以應對不同情況的需求者。至於精神集中方面，書中介紹了意守丹田法、數息法等。

呼吸的練習，詳細介紹了煅煉呼吸的具體方法；治病與防病的功效通過自己的親身體驗及讀者的反饋，約略說明了靜坐養生對身體的影響； 動與靜應兼修則提出內外兼修的意義，並認爲其「從前所寫的靜坐法，未曾提及外功，是一個缺點」「動與靜兼修，是不可偏廢的。 單修外功，不修內功，固然不可； 單修內功，不修外功，也是不宜。 特地在這裏鄭重提及，希望讀者注意」。 在此節，蔣維喬先生還提到： 「內功有許多種類，然總離不了呼吸習靜，因爲呼吸習靜是內功的基礎。」對外功，其曰： 「八段錦最簡單。 太極拳比較複雜，必須請教老師傳授」「如果没有功夫去學，就是每天做廣播體操也可以的」。這些言論，對於從事靜功修養者，尤爲重要，當注意及之。

此書的附錄部分，收錄三位跟蔣維喬先生學習靜坐法者的真實事例，對於閱讀此書者有參考意義。

健康不老廢止朝食論

此書是蔣維喬先生靜坐法之外的一部著作，於一九一六年六月出版發行。 根據蔣維喬先生的自叙，此書是因看了當時日本美島近一郎所著朝食廢止論後所輯述。 此書用大量的理論，說明了廢止朝食，即廢止早餐，只食用午餐與晚餐的利益。 雖然全書內容不無道理，但用現代的科學觀點來看，廢止朝食未必可取。 在此書中，蔣維喬先生約略談到廢止朝食節省糧食以應對糧食危機的觀點，當時確有不少人持此種觀點。一些修煉者，也有利用辟穀應對糧食危機的意圖。其實，這些事情說說容易，實行起來有很大的難度，況且也不符合現實情況及醫學科學。胡海牙老師生前曾提倡過一種方法，就是每周用一天只食水果，不食其他食品，來清理腸胃。我們在實踐中也發現，節食，或者晚餐少食或不食，或者晚餐用水果替代，對身體有一定的好處。故我認爲，健康不老廢止朝食論只是蔣維喬先生當時的一種思路，也是其對養生、祛病方法的一種思考，從這點上，此書是值得閱讀，也是值得思考的。至於其具體內容，還應結合現代科學，分析對待。至於其中對治的某些疾病，我認爲在有養生及醫學經驗者的指導下，可以試行。但如果有不適，應及時停止。

寫在最後

蔣維喬先生是最早將靜坐法通俗化、科學化、條理化者之一。雖然蔣維喬先生所論述的僅是靜坐法，有些內容尚有商榷的餘地，但不可否認，其著述對修煉方法的科學研究，還是有很重要的促進意義。這是我對蔣維喬先生較爲推崇的地方。

蔣維喬先生的靜坐法著作，從最早於一九一四年撰述的因是子靜坐法，到最後於一九五五年撰寫的中國的呼吸習靜養生法，無論從理論還是方法，都在不停地完善。從最早道家方法的意守，到佛家的止觀，到六妙法門，到因人制宜；從雙盤、單盤，到雙盤、單盤與散盤，至雙盤、單盤、散盤、垂腿、仰臥、側臥。這些均可以看出蔣維喬先生對靜坐法的實踐與思考。其實，貫穿這四種書的，還有一個詞，就是「自然」。蔣維喬先生在書中多次提到「自然」，這是須要注意的。

我當初整理因是子靜坐法四種，並在編輯大意中建議閱讀此書者應將蔣維喬先生的四種靜坐法著作均認真閱讀一遍，甚至多遍。這是因爲，一般嚴謹的作者蒲團子按：「嚴謹」二字是針對當前的現狀而言。今日「著書立說」者，很多難當「嚴謹」二字，其後來的作品一般要比前面的作品更爲完善。蔣維喬先生的著作亦是如此。在理論上，其不斷地引入新的科研成果，並且敘述更爲細緻；在靜坐姿勢上，其逐漸考慮到各種具體的情況，如從最初的盤坐，到後來垂腿直坐、臥式等；在修持方法上，其從注意重心即意守丹田，到止觀法門，到六妙法門，後來則因人而選定了幾種法門，但始終將「定」放在重要地位。蔣維喬先生著作中這些方面的變化，不僅是其自身的經驗，也參考了他人的經驗，故其著作中介紹的方法，越到後來適應羣體越廣、方法越明瞭、實行越方便。這不是簡化了什麽，而是蔣維喬先生對靜坐法體驗的深入，也是對以前方法的昇華。

我很喜歡蔣維喬先生的這幾本著作雖然裏面還有我不太認同的内容，因爲他的著作讓這門傳統的學問更科學，理論更清晰，操作更簡單。蔣維喬先生在一百年前就開始運用科學知識來詮釋傳統文化，特别是這門自古就神秘的傳統文化，而我們今天的一些人，還對科學採取抗拒、逃避的態度，這是不利於這門學問發展的。

因是子靜坐法四種出版後，有些朋友與我交流、討論書中的内容。然而，有不少人只是草草地翻幾下就開始進行實踐，有的人則因爲此書没有什麽神奇内容而束之高閣。在交流中，每每談及某個話題，得到的往往是「没有注意」。

一些朋友一直希望我能談談對此書的看法，今將我整理、閱讀因是子靜坐法四種時的一些看法、想法歸納出來，供大家參考。最後還要説一句，如果要閱讀因是子靜坐法四種，最好能坐頭到尾認真閱讀，然後再根據自身的具體情况進行實踐。即使不按照蔣維喬先生的方法實行，認真閱讀此書，也有助於提高對修養、靜坐乃至學仙、煉丹之道的認識。

本文所引用文字，均見二〇一三年二月心一堂出版社出版的因是子靜坐法四種一書，故不一一註明具體出處。

二〇一五年八月十一日農曆乙未年六月廿七蒲團子於存真書齋

讀陳健民關於丹道論述雜記

第一次聽說陳健民的名字，是在二十世紀九十年代一本介紹陳健民行迹的著作中。書名忘了，當時只是在書店隨手翻了幾頁，知道陳健民是一位佛教密宗的行持者。一九九九年，與某兄共同討論一個熱點問題，某兄言及陳健民深入藏地苦行求法等事。我對佛學、藏密等無心參學，當時也沒有深究。後來由於常見一些丹道人士將陳健民的丹道言論引入他們的丹道體系之內，特別是一些主張「龍虎三家」之說者，對陳健民推崇備至，故我纔注意陳健民的一些丹道言論。

我對佛學素無研究，更未深研藏密，只是對陳健民的一些丹道觀點，有不同的看法。陳健民是密宗的行持者，又是佛教的信奉者，在談及丹道與密宗之優劣時，每每用宗教信仰解釋丹道實踐，其中不當之處也就顯而易見了。

本篇是我閱讀陳健民從道家的功夫談到密法的殊勝一文時，對其相關丹道言論的看法。原計劃將我對其全文的看法發表出來，但後來發現彼家丹法與雙運法及龍虎丹法——三家相見兩節內容，不宜公開討論，又餘論中大部分内容，也没有必要再發表意見，今就小引與本論中清淨丹法與密法氣功進行分析，本論中其他內容約略說明，餘論只選擇三條評析。標題仍依原文。

小引

原文 我於二十餘歲在湖南長沙，充湖南省教育會秘書。日常多暇，輒喜到上林寺，與寺僧談佛法。時會中同事有李秘書及女同事柳幹事，不研佛法，而喜到常常扶乩的善堂。我也有時與之偕行，一看狀況。有一天，呂純陽大仙降乩，要我當他徒弟，賜名柏堅。且說爲蘇東坡後身，並爲我點竅在臍，畫了許多圖畫給與。不久，善堂迎請一位師傅，名李龍田先生。十餘年來，未嘗食飯原注：我輩窺察多日，證之果然，而童顏白髮，精神充沛，他蓋修慧命經者也。見我甚喜，亦爲之點竅，所說與純陽仙師乩示相同。並傳我靜坐方法，我正式守竅用功，不多日已能兩腎轉動。是時仍念佛閱經也。

蒲團子按 從這段文字看，陳健民在二十餘歲時，對佛教與丹道均是初涉。扶乩一事，海牙老師話說扶乩一文有過詳細說明，見胡海牙文集，此處不多作說明。當時爲二十世紀二三十年代，點竅一說很流行。陳健民得李龍田傳授靜坐工夫，很快見到效驗。可知，在那個時候，陳健民參學不分佛道，同參共修，並行不悖。

原文　及後學習密法，先皈依大敬法師原注：師爲黃教大德多杰覺拔尊者弟子。師後皈依諾那上師，我當時不懂什麼是紅教、黃教，見敬師已皈依，亦怦然心動。諾師喜罵僧，對居士則較客氣。敬師畏之，我不得已，乃直接皈依諾師。諾師一見我，即問是否曾學道家工夫，謂見有道家護法青袍、青帽者二人隨在我身後。我想這對於佛法相連，因上表章於純陽、龍田兩師原注：時龍田師不知雲遊何處，說明「不習道功，專研佛法，將來成就，誓必度之。否，亦請勿爲障」。本來諾師對此未有表示，而各同學則諄諄以「跨教」爲誡，故表不得不上也。

蒲團子按　諾那見陳健民後，知其學道家工夫，並無表示。也就是說，諾那對陳健民學道家工夫一事，並未在意。而與陳健民一起學習的人，認爲這是「跨教」。陳健民自己無所適從，於是「上表章於純陽、龍田兩師」。這個「上表章」應該還是道教的方法。可見，陳健民這時對道家工夫與佛家方法還沒有判別能力，要不然也不會因人言而改己修。上表的本身，就是自己沒有正確見解的一種體現。如果認爲不可兼修，去其一即可，也沒有必要用上表的方式解除心中的不安。何況其師諾那也未有不同意見。其上表內容，也有些令人不解。「不習道功，專研佛法，將來成就，誓必度之。」這已很明顯地認爲佛法勝於道家工夫。但其當時對佛法與道家工夫都是懵懂的，故其判斷似乎缺乏相當的依據。至於「否，請勿以爲障」更是莫名其妙。這也是迷信宗教常見的情況。正信的宗教，未必認同他教的內容，但並不會排斥他教的東西。誠如當年武漢佛學院張化聲所言：「以佛法相檢，無一法是佛法：心行處滅故；語言道斷故；般若火聚，遇著即燒故；四十九年，未說一法故；釋迦兩個師、十大弟子皆外道故。以佛法相攝，無一法非佛法：心外無法故；隨衆生心，應所知量故；無不從此法界流，無不還歸此法界故；淨名並世而不相師，同爲衆生示疾問疾故；虎溪三笑，遠公不施於衲子，而實現於醉酒之陶淵明與黃冠之陸靜修，無我執之門户見故。」張化聲：武昌佛學院張化聲居士爲道釋二教重要問題駁覆某居士書，揚善半月刊，一九三五，二(二一)：一。

至於陳健民所謂的隨身護法，這種東西從宗教意義或宗教解釋上可能有，但現實中恐難以認定。

原文　及後在廬山閉關，有女同學具天眼通，亦曾見青袍、青帽之護法二人相隨。我因祈禱，勿爲障難。雖未覺有損害，且常於夢中告以許多事情。惟我始終覺得如果學佛而同時學道，多少總有妨礙與障難，因其另有方法，而護法亦不同也。

蒲團子按　妨礙與障難，均是自己起疑。於學理上無據，於事實上無憑，只是「始終覺得」而已。

原文　且我是時學淨土宗，道一精進，戒行謹嚴，持素且斷正淫，夢中曾感觀音以女人相試。對佛法專精如此，而道家護法仍爲護持，因此我認爲「跨教」是危險的，不如純粹學佛較爲好些。乃發願以佛法度道家，一方面對道家書籍繼續觀看，一方面專研密法，以欲度道家以密法度之較顯宗爲容易也。

蒲團子按　夢中以女人相試之事，用現在的心理學很容易解釋。只是作爲宗教徒，陳健民的說法也說得過去。

道家護法不以陳健民學的是佛法而棄之而去，正說明道家的護法虛懷若谷，沒有門户之見，怎麼就讓陳健民感覺到危險呢？學淨土法門，道一精進，戒行謹嚴，且持素、斷正淫，就應該繼續修至念佛一心不亂之境地，怎麼還要在意有沒有護法呢？道一精進難道不是純粹的學佛嗎？既然要純粹地學佛，爲什麼還要看教外之書籍，難道不怕無意中「跨教」麼？自己對密法尚未深入，怎麼知道「欲度道家以密法度之較顯宗爲容易」呢？ 很明顯，陳健民的這些言論，是自相矛盾的。

原文 嘗見一個淨土宗行人與道家論辯，無法加以調伏，道家反諷之爲一竅不通。然而顯宗專注重於調伏心性，對修身頗見忽略，由此而學道家，尚猶可說。若密宗心身並修，並有脈、氣、明點諸方便，若猶兼學道家，就太不應該了。因憶我在未認識與瞭解密宗以前，曾學道功，且有多少所得，略說如上。及今已知密法不獨包括道功，而且超勝遠甚，特分別說之。

蒲團子按 淨土宗一意念佛，追求往生淨土； 道家煉丹修道，追求長生不死。目的各異，方法不同，欲相互調伏，難免隔靴搔癢。密宗有色身之修煉，兼學道家猶有可說，若淨土宗兼學道家，反覺怪異。再則，西藏密宗，與道家工夫頗有淵源，早年或就有相互參考。陳健民所謂的脈、氣、明點諸方便，在道家方法中，只屬方便法門，權宜之法，並非根本工夫。至於心身、性命，只是名詞而已。

本論

清淨丹法與密法氣功

原文　清淨丹法的主要，就是吐納、進退、沐浴、河車、火候等，都是要用定力，使凡夫身的粗氣轉變成爲純陽身的微細氣。密法則是再由調順微細氣，將業劫風轉變成爲智慧氣。道家是把人類不合天道的粗氣，調成微細氣，以順天地自然運行陰陽之氣。故須子進陽火，午退陰符，卯酉沐浴，均是順乎天然，順乎天理，當然有其整個之系統，與整套的做法。密法雖涵有進退、沐浴，但不一定合乎天理系統，而要合於佛理系統，即如何使微細氣經空性的觀力，而轉變成爲智慧氣，故是另一系統，而不是天理系統也。如依天理系統的做法，其氣已運行，結果生天，佛法並不否認。以不重視生天故，不與道家一樣。十法界中，人天乘亦與其列，但不必全依其做法。

蒲團子按　從這段文字來看，陳健民對道家清淨丹法的概念，大約只是停留在慧命經中的方法上。吐納只是丹道工夫的一種方便法門，進退是根據身體反應而運用的一種應對方法，沐浴是工夫到一定地步時需要進行的一種保護手段，河車算是一種效驗吧，火候是工夫的關鍵與要素。「都是要用定力」這種說法是不當的。正是因爲人們無法達到「靜」、「定」，所以纔要用這些手段使之「靜」、「定」。所以，陳健民這裏的定力，應該是指專注力。

丹道修煉，跟佛家修煉，本身是兩個系統，雖然相互之間有相通之處，但畢竟是兩門學問。丹道順應天地之自然，是尋求宇宙之規律，也就是「道」。以道的運行規律，作爲自身行爲的規範，從而通過相應方法的修煉，達到與道相合與道合真、永恒存在的目的。丹道追求長生不死，是永生，而不是佛家所說的「生天」、「天道」。永生，要注意「永」字。既然爲「永」，就是永恒，沒有死，也就沒有輪迴。這種概念與佛教的寂滅雖然形式相反，但意義相同。佛家的寂滅，就是不再生，不生則無所謂滅；丹道的永生，是不死，不死自然不生。同樣是永恒，狹礙的佛教徒則以爲道家提出了天，就認爲是佛家的天道，就認爲還要落輪迴。這無疑是宗教思維、迷信思維，而非理性、客觀的思維。誠然，丹道主張的永生，很難做到。只要修煉者一死，其「永生」的目標已告失敗。至於坐脫立亡、棄殼而之類的說法，是沒有說服力的。其實，佛家主張的寂滅，也是死後纔得證的，一樣沒有說服力。同樣無法求證，同樣死去，何來一個生在天道輪迴之中，一個脫離六道輪迴呢？這是宗教迷信者常見的言論矛盾之處。

(一)就吐納言

原文 道家的所謂吐納,目的不外吐陳納新、吐陰納陽、吐濁納清而已。密法則不然。密法之目的,是吐眾生業劫氣,而納佛氣。故任何氣功,從九接佛風起,都要有此勝解作道。道家則不必勝解,只依陰陽時節,在生滅無明系統籠罩的天地氣運之理,做來做去,只能把人身轉成爲天身,根本仍在輪迴中也。至其能長壽、能成仙、能有神通等,佛法並不否認。但不能解脱,則勢所必然也。

蒲團子按 呼吸,用現代科學來講,是呼出二氧化碳,吸入氧氣。道家的吐納,偏重於吐陳納新、吐陰納陽、吐濁納清,雖然與科學名詞不一樣,但實質是相同的。在陳健民看來,同樣一個呼吸,密法呼出的是「業劫氣」,納入的是「佛氣」。「業劫氣」、「佛氣」,是密法教義的名詞,陳健民稱爲「勝解」,並以此「勝解」來取代呼吸的實質,得到了「解脱」或「輪迴」的結論。這是從密法教義來揣測道家修爲。

嚴格來説,道家的吐納與丹道是有區別的,一個爲術,一個爲道。同樣以丹道看來,如九接佛風,刻意用觀想、意念、呼吸等方法,也只是屬下乘有爲之法而已。

(二)就進退言

原文 道家的所謂進退,又名抽添,偏重於火方面。其進陽火、退陰符,均是順天時而言,以爲子時陽盛,午時陰起。且有所謂活子時。在道家口訣,以爲睡中陽舉,或睡中睡足神滿,甚至日間精神充足、神志明爽,即是子時也,則應進陽火矣,以陽氣發動,將如何的採坎填離。

蒲團子按 這段話似是而非。清靜丹法的進陽火、退陰符與抽鉛添汞,各有專指,無非平衡身中陰陽而已。丹道進退之子、午,均爲譬喻,借天時而喻人身氣機之運行也。至於活子、活午,亦爲專指,當於人身陰陽氣機發動處求之。睡中陽舉等等,僅是一種表象而已。當然,進陽火、退陰符還有深層的意思。陳攖寧先生曾有一個譬喻:「譬如鐵匠鍊鐵,先用猛火燒,令內外通紅,此即是進陽火;然後又將此紅鐵淬於冷水之中,使其堅結,此即是退陰符。又如寒暑表,熱則上升,即是進陽火;冷則下降,即是退陰符。人身亦同此理。」此方爲進退之真義。而陳健民所謂的進陽火,則是氣從身後督脈上升;退陰符,則是氣從身前下降,與口中津液同咽下去。這只是慧命經中之方法而已。須知,陳健民所得清淨丹法,當爲慧命經中之法而已，故其見識如此，亦屬情有可原。

原文　此種進火，在密法中並不指定時間。修氣功的人，二六時中，常修拙火，任何時陽氣發動，都歸拙火。拙火比丹田火不同，可包括他，且超勝之。以後後攝前前，佛法包天道故。

蒲團子按　丹家之修煉，有「一日內，十二時，意所到，皆可爲」之說，與「二六時中，常修拙火」當無甚區別。至於陽氣發動，在丹道應屬陽生活子，而密宗歸之拙火，亦只是名詞不同而已。至於「拙火與丹田火不同，可包括他，且超勝之」之說，原因只是「佛法包天道故」。這又回歸到宗教層面。同樣的陽氣發動，因爲追求、信仰之不同，形成了此包括彼，「且超勝之」的局面。這是因爲陳健民乃宗教信徒，故出現用自己信仰的宗教教義，執一己之成見，論斷佛道兩家同一種實修工夫層次不同之舉。且其對道家之根本並無正見，故纔有此等認識。從佛家教義上講，似乎也難免我慢之嫌。

原文　若陽氣動矣，藥採足矣，丹田暖矣，這是丹田火，而不是拙火。拙火必須與中脈下段紅菩提配合，如其發動，不只暖熱，且有光明暖樂，甚至發生智慧。故發端比丹田火爲微，而擴大比丹田火爲大。修拙火成就的人，全身地大之骨都化成智慧，而所坐之地，山頂之雪亦當融化。由此應知丹田暖不是拙火。若有拙火，則丹田必暖。

蒲團子按 此又似是而非之論。慧命經中，藥採足，丹田暖，是修煉中的一種自然現象。「光明暖樂，甚至發生智慧」，又豈是密法獨有？此僅爲丹道工夫的一種現象，並非修煉之目的。丹道工夫認爲這些現象既不是根本，也不會執着於此。

若以前段「陽氣發動」爲據，「丹田火」這種說法是否準確，尚須再論與拙火應無有區別。若按拙火修持與丹道修煉而言，自當別論。雖均以陽氣發動爲發端，但丹道與佛家密宗所行持之方法不同，目的各異，故其結果不同，自是理所當然。陳健民此處所論，含混夾雜，糾纏不清。

至於陳健民所謂「所坐之地，山頂之雪亦當融化」，亦是極不嚴謹的。其所坐之地與「山頂之雪」密切相關。是坐在山下，坐在山頂，或是隨便坐在何處？若是在都市或是山林，無有山處，是否還有「山頂之雪融化」之效？是整個山頂之雪融化，還是只有部分之雪融化，或僅是坐下之雪融化？如此種種，難圓其說。

原文　退陰符的方法，是把氣向下降，能咽口之津液，使水大下去。但密法之頂白菩提下降，不只是水大精華，而是大悲菩提心矣。菩提心分二：一爲智慧，一爲大悲。在顯宗已修四無量心與菩提心、般若行、六度萬行，以增長智悲資糧，故能與白菩提心發生作用。其與道家之坎離交媾、水火相應、心腎相交，名字雖同，然涵義相差得太遠了。

蒲團子按　退陰符不僅僅是把氣向下降，從陳健民的論述可以看出，他對慧命經所傳也是不甚了了。陳攖寧先生用煉鐵之譬喻，已說得很明白。只是這種學問，乃丹家的秘密，而陳健民對清淨法，僅以慧命經中工夫爲據，未曉退陰符之真義，故而以偏概全，亦屬正常。

至於名字相同，涵義相差太遠，這是由於義理所致。這種東西，没有判定的標準。而陳健民只以佛法判丹道，亦屬牽强之論，不足爲憑。

原文　我常見修道功者，雙眼爲火燒壞。年前曾到武當山，見個個兩眼通紅，須服藥調治，蓋陽火包含邪火，水火不濟，定功能起火，而不能化水。以不講慈悲心，往往邪火偏重，所以修道功者，常吐血或發狂，皆火之關係也。修密法者，明點順逆追逐，自然水火調和，不易發生毛病，且更不必注重子、午也。

蒲團子按 丹道修煉出毛病者，吐血、發狂倒有所聞。吐血多與意守、呼吸之不當有關，發狂多與見識、意念等有關。至於眼被燒壞、兩眼通紅等，則鮮有聞者。陳健民此處所列舉事例，尚須考證。至於修密法是否不易發生毛病，也須考證而後方可判斷。

(三)就沐浴言

原文 道家的所謂沐浴，是偏重於水方面，以調水，故有卯酉沐浴之說。若密法的二十五種金剛誦，可說是全身沐浴。以我的經驗，用左、右兩脈，分二十四脈，以配二十四壇城，於每一壇城地位，修一金剛誦，亦可使全身沐浴。道家是前後沐浴，其卯酉者是順任、督二脈後升前降，以運行氣而修。密法依二十四壇城或二十五種金剛誦，其收、放爲上收下放，下收上放，中收偏放，偏收中放，前收後放，後收前放，左收右放，右收左放等，各有作用，各有方法。同時配合四大，有各種發放光明，主要是把業刼氣洗潔，而把智慧氣充實起來。故收放嗡、阿、吽，配合勝義空性，勝解作道而修。一方面有治病作用，一方面增智慧作用，而止觀並行。所有道家的好處，都已包括。道家只能輕安與生天，密法則能證佛果。若能瞭解拙著知恩集金剛誦十釋，則對通達真如，有大幫助；能得無生心氣無二成就，則超勝多矣。

蒲團子按　從此段內容來看，陳健民當日所學，當未及此步，故論述多是牛頭不對馬嘴。其對「沐浴」一詞之認識，純屬望文生義。丹家之沐浴工夫，係借日常沐浴爲喻。日常沐浴，水太熱則燙傷皮膚，水太寒則冷及皮膚或寒氣侵內，均有損身體，故宜水温適度，不寒不燙爲宜。丹道修煉到一定程度，亦須停火不運，不進火，不退符，不使太暖太寒，默默靜守。卯酉取義刑德臨門、恩害相依，防危慮險，不可加火。慧命經中所傳，以子爲進火之始，以午爲退符之始。卯酉爲沐浴，不離任督，不事進退。所謂順任督二脈後升前降，乃是河車運行工夫，亦可稱之爲小周天工夫，與沐浴之意不同。後世確有卯酉周天之説，非丹道卯酉沐浴之本義，陳健民所論係門外漢語。

又，道家修煉的目的是成仙，是不死，並不是生天。此本與佛家之天道概念不同。佛教徒中，每每有人將道家的仙人與佛教的天道混爲一談，以便讓「仙人」淪落到低「佛果」一層。雖修仙者未必人人能成仙，但學密者難道就能人人證佛果麼？反正都死了，誰也無法證明，自己騙自己而已，又何來超勝不超勝呢？

原文　道功所修之時間，先守上田，而中黃，而下田，而會陰，各守三個月。原注：私意十月爲小陽，應由十月、十一月、十二月守丹田，正月、二月、三月守會陰，四月、五月、六月轉守夾脊，七月、八月、九月則守泥丸，以九月爲老陽故。此不過是我的私測，無師承的。密法所修之時間共有五輪瓶氣，上半月向上，從密輪起，每輪三天，至頂輪共十五天；下半月下行，每輪三天，配合得十分適合。若依下田、會陰、中黃、上田而守，會陰、中黃在中央，上田、下田是在任脈，爲身體之前，與任督二脈不勻配，未免太重中黃了。七竅有以配七輪，未免牽强。七竅竅口在外，根本不能配。如以三關、三田而論，三關在後，三田在前，都不在正中，與七輪不同。

蒲團子按　先上田，繼中黃，繼下田，終會陰，各守三月，此法不知來自何處，與通行之法不合。至於陳健民自己「私測」之法，並非無道理，只是實行起來恐怕要慎之又慎。七竅配七輪之說，恐非丹道的傳，應是後人改造的產品。而陳健民對丹田的認識也非丹家正論。三關、三田自與七輪不同，丹道運行也並非追求什麽正中，這都是風馬牛不相及的事。故陳健民所謂之「牽强」，亦頗牽强。

原文　至五輪瓶氣雖配一個月，但不重視天時，以整個氣隨黑、白月關係，到處化智慧氣也。不能說向上行是陽，向下行是陰，更不能說上行好、下行不好之論。只應說上行是智慧，下行是大悲，上行是自利成佛，下行是悲心利他，並無重此輕彼，不如道家那套天理，氣之輕清上浮者爲天，氣之重濁下凝者爲地。故要生天，故重視天。

蒲團子按 丹道的陰陽，與身體的氣血運行、身體產生的反應等均有關係，雖取象於自然，但並不是純概念意義上的陰陽。上行好、下行不好之說，不知出自何處。上行是陽，下行是陰，大約是指督升任降，似乎並無好壞之別。至若「上行是智慧，下行是大悲，上行是自利成佛，下行是悲心利他」之說，純屬宗教徒臉上貼金的說辭，即所謂「勝解」也。

「輕清上浮者爲天」、「重濁下凝者爲地」，確爲道家理論。道家通過修煉的「生天」，是指肉身成就，並非死後「投生」，與佛家不一樣。

原文 就時間言，子、午、卯、酉，是氣趨魔壞脈，密法初學修行人對此氣功修習，避此四時。以此四時爲黑暗氣運行，天魔現前時也。道家尚玄故，尊重黑氣，反以爲好。佛知天的壞處，而天不自知，以其變黑氣，而愛此時期焉。此皆佛眼所看出，我們以其爲聖言量而信奉之。故於此四時，多數唸誦、禮拜、懺悔而已；修氣攝定，均避之也。若時輪金剛、佐囊派所說之時，主什麼等，是從佛法道理說，不是從天法道理說。

蒲團子按　丹道修煉中的子、午、卯、酉，本是譬喻。即使真正按此四正時行功，也符合天地陰陽生成運行之理。此既是丹道原理，亦符合中醫學理論，也在相當程度上符合現在代醫學理論。密法避此四時，或許有其必然的道理，但以「天魔現前」等爲據，則又純爲宗教見識。故陳健民對此亦云「以其爲聖言量而信奉之」。也就是說，祖師說得正確與否，不必去辨別，因他是聖人，所以就信奉他的話。

丹道子、午、卯、酉均用活，原不必定在四正之時，故密法之避與不避，與丹道其實沒有什麼關係，更無可比性。

（四）就河車言

原文　道家的所謂河車，是前任、後督二脈相環轉動。在密法不講河車，我也未曾修過。但依我修寶瓶氣的經驗，不是前後相轉，而是上下走動，由氣運行，如坐搖籃一樣，身體舒服快樂，經過相當的時間。以是時外氣已滅、內氣運行之象，修瓶氣時就有此感受。河車與開中脈無關。若說能開中脈，於理不合。

蒲團子按　運河車能開中脈，亦不知出自何處。至於河車之論，陳健民亦是想當然。再者，河車並非僅僅前任後督一說。

（五）就胎息言

原文　道家的所謂胎息，指在臍言。而我則在各輪都有此感覺。在密法來說，是爲外氣停滅、內氣氣機發動之象。我修五輪瓶氣時，胎息在心、喉、密各輪都曾起的。我有此經驗，只可說爲開脈前行，是不希奇的。

蒲團子按　道家所謂的胎息，是指通過修煉，達到鼻不呼吸，類似嬰兒處胎時呼吸的狀態。人之呼吸出入，日夜不休，若稍有停頓，則有危及性命之虞。丹道用逆，通過自身修煉，將晝夜永不停息的呼吸，人爲地煉成不呼不吸，類若嬰兒處胎時的狀態，以之延長人的壽命，以期進而修煉成仙。雖名胎息，並非指肚臍而言。丹道修煉，很多工夫均與呼吸出入及心臟跳動有關。陳健民所謂的胎息在臍、在心、在喉、在密，與丹道之胎息非同一回事。

（六）就守竅言

原文　道家的所謂守竅，是初步的功夫。所守的竅，有各種不同的地方。若與佛法相同的，就是守鼻端的虛白。在佛法言：「制心一處，無事不辦。」在守意經、安般三昧經、坐禪三昧經，及天台宗的摩訶止觀中，都有與凝神守竅相同的說法。不過密法除有報緣的守竅外，也有無報緣的守竅，是不守地方，住本來清靜見上，如「且却」者，是道家所没有的，故不獨包括之，而且超勝之也。道家所說的前三田較前，後三關則較後，均不得其中，若守中黃者固不多，而能知其地位者更少。或以爲就是下丹田原注：臍間，以戊己土屬土，土色黃故。有以爲是中丹田，以守神舍，以爲是水火相交之處。或稱黃房部分是中丹田。其實中黃實在是在心脘之後，能知者少，雖不與中脈相同，然能凝守之，都有好處。祖竅有說在雙眉之間，亦有說在雙眼之間，有說在臍上。佛法守竅是最初的，最後則不守矣。是由有報緣，以至無報緣了。

蒲團子按　丹道很多法門中，有守竅一法，爲入門之方便手段。傳承不同，對丹法的理解不同，所守的位置也不相同。有的守竅法門，僅爲收心一處，凝神歸一。有的守竅法門，則另有特別作用。此外，尚有守玄關一竅法。世人徒聞玄關之名，絕少知玄關之實。由守竅入門，最終之守與不守，却大有分別。當然，守竅只是變法，非常法，丹道法門不用守竅者亦復不少。從陳健民的文章來看，其對守竅一道之瞭解亦不多，故文字雜亂，不知所云。

（七）就睡功言

原文　道家的所謂睡功，仍是守竅的功夫。多數是守臍間，然後睡覺。如發現陽舉，即向上抽提，就謂之活子時。是時即作風火想，以臍間陽火已提，以意想有吹火「啪啪」之聲音，如此謂之風火煅煉，則可煉精化氣矣。此皆睡功秘密口訣也。以密法言，應隨時保任拙火，則睡功功能都已有之。若無上密法所修之睡光明，道家報本是不知道的。以道家的睡功言之，可以健身與輕安，但絕對不能解脫。

蒲團子按　陳健民所述之睡功，如守臍間，如抽提，確有丹家如此行功，但並非人人做睡功都是如此。至於其所謂的「秘密口訣」，我想他可能是被人糊弄了。道家睡功重在蟄心，默藏其用，決不是這樣雜七雜八。至於解脫，佛、道本不相同，也就無所謂絕對不絕對了。何況陳健民也只「如是我聞」而已，自己所聞已有局限，又無實證，又如何談「解脫」與否呢？

原文　總之，清靜丹法全在呼吸，呼吸路線全在任、督二脈。如從臍下，轉會陰，經尾閭，上夾脊，經玉枕骨，上泥丸，這是陽升的路綫；若說陰降之法，是由泥丸，下雀橋，經重樓，到絳宮，回到臍間。如此路線，是天仙路綫，能使身輕舉，但不能使業劫氣化智慧氣，故不是成佛之路。

蒲團子按 丹道工夫，本就是爲了成仙。且不論運行任督二脈是否天仙路線、能否使身輕舉，但這些跟「成佛」均無關係。陳健民所云「不是成佛之路」，則又是風馬不接、以瞽引瞽。

原文 若以凡所吐納，能如金剛誦、寶瓶氣，都經中脈。進退能經中脈，使紅、白菩提上下。沐浴是經中脈收放左右兩脈。二十四脈收放。河車是紅、白菩提經中脈上下交流。胎息經中脈各輪中心點生起胎息。守竅側重依各輪瓶氣，代替守竅。睡功是守拙火代替。那就不只包括天仙長處，且能在密法即身成佛有好處。

蒲團子按 金剛誦、寶瓶氣、拙火定等法門，用真正丹道眼光來看，只不過是下乘有爲之小術，非先天大道。陳健民對丹道之研究有限，故其想當然地用密法代替丹道，反愈弄愈錯，離先天大道遠矣。

原文 所有道家的長處，並未發現有密法不能包括的好處。若捨密法而修之，未免太不值得了。

蒲團子按　陳健民欲以密法「勝解」來解丹道，奈何其對丹道瞭解甚少，更不知丹道之究竟，故比較密法與丹道之優劣，未免張冠李戴。其對丹道與密法的比較，純屬門外談道。其「捨密法而修之，未免太不值得了」，更是顛倒之論。要知，陳健民是捨丹道而專修密法的。

陳健民對清靜丹法的認識，除了入手的部分，其他多無依據。從其言論來看，他可能是受了他人的愚弄。故而文字看起來頭頭是道，實則頗多牽强附會之辭。

彼家丹法與雙運法

蒲團子按　丹經中有「彼」、「彼家」等術語，但「彼家丹法」不見於早期丹經。其與後來出現的「兩家法」、「三家法」，均是門外漢語。然而，由於一些外因的推動，彼家丹法、兩家法、三家法，均被認作丹道。究其原因，乃是由丹道陰陽丹法傳承隱秘所致。丹道門內人士，得陰陽法全訣者已是鮮聞，外人更是難聞其真。今日談陰陽法者，大多是欺世誑人。還有一些人，因不知道陰陽法真諦，或將房中下乘採補之術充作丹法，或自己私意編造一些陰陽「丹法」，更有將一些邪術充作陰陽丹法者。陳健民此節所論，即是將下乘採補之術當作家陰陽工夫解釋。由於本節内容不適合公開討論，故從略。

龍虎丹法——三家相見

蒲團子按　此節内容，我大概在龍虎三家「丹法」析判有過評論。此法基本上是想當然的内容。陳健民與張義尚友善，我原以爲這個方法是來自張義尚。但經過調查，其與張義尚所知道的方法不是一回事。我想，這種方法，陳健民也可能是被騙了。

餘論 節選

佛教徒兼修道功之弊端

彼此護法不喜歡

原文　天道已皈依佛之護法，不喜其餘諸法。而未皈依佛之護法，亦不喜已皈依佛之護法。因此致令行者易生魔障。

蒲團子按 此處護法究竟是指人還是護法神，未能明白指出。其實，護法之不喜他法，應是陳健民自己的心障。其在小引明確說過，自己已學佛法，道家之護法依然不離不棄，可知道家之護法並不以其皈依佛門而「不喜」，更未見其有「不喜已皈依佛之護法」之舉動。

兩方師傅不喜歡

原文 兩方師傅均認爲跨教，兩方均不得加持，不易成功。

蒲團子按 陳健民一意學佛之時，其兩位道教師傅呂祖、李龍田並未在身邊，如何得知「師傅不喜歡」？而諾那上師對其兼修道功也並未有什麽表示，只是其同學認爲「跨教」而已，又何來「師傅不喜歡」？真正有分別心的，恐怕是陳健民自己也。

自心散亂不專一

原文 兩方功夫，以均不專一，均不成功。

蒲團子按 陳健民這句話說得不錯。以其對佛法與丹道的認識，確不能兩法兼修。否則,不成功事小,出魔障恐怕是免不了。

寫在後面

本篇雖然對陳健民的文章指指點點,但對陳健民其人並無不尊重。陳健民是一位佛教徒,爲證佛法,苦求苦修。不論其方法之善與不善,但其這種熱情與執著,是值得好事修煉之人敬佩的。而其對丹道認識的不足及對丹道評價的草率,也是不可否認的。

我對佛法素無研究,對佛家密法更是知之甚少,故陳健民佛家密法方面的內容,不敢妄加評論。本文觀點,僅是依我對丹道的理解進行分析。

客觀地說,從宗教徒的角度,陳健民對其所持宗教之外所有方法的貶低與批評,均無可厚非。但遺憾的是,很多丹道研究者,乃至一些丹道「名家」、「學者」,竟然將陳健民對丹道的認識,引入自己的丹道體系,並頗爲自得,這不能不說是丹道研究者的悲哀。

二〇一五年十月八日農曆乙未年八月廿六日寒露節蒲團子於存真書齋子時完稿

讀太虛法師閱陳攖寧孫女丹經註雜記

閱陳攖寧孫女丹經註係太虛法師閱書雜評之一種，原載於一九三五年三月十五日出版的海潮音雜誌第十六卷第三期總第一百八十三期。閱書雜評共四則：一曰閱唯識新論簡述；二曰閱藏密或問；三曰閱餐石日記；四曰閱陳攖寧孫女丹經註。

太虛法師，俗姓呂，本名淦森一說「乳名淦森」，又名沛林，浙江省石門縣人石門縣後改回原名崇德縣，即今浙江省桐鄉市崇德鎮。生於清光緒十五年即公元一八八九年夏曆臘月十八日，卒於一九四七年三月十七日。出生八個月後父親去世，四五歲時隨外婆於浙江海寧長安鎮外大隱庵屬於道教場所修行。光緒三十年即公元一九〇四年，十六歲實際年齡不到十五歲，發心出家，士達禪師爲其剃度，賜禪宗臨濟派派名唯心。光緒三十年九月，依奘年老和尚，賜名太虛。太虛法師是近代佛教改良者，中國近現代佛教人物誌稱其「不僅是一代佛教領袖，同時也是佛學思想的巨擘」。于凌波：中國近現代佛教人物誌，北京：宗教文化出版社，一九九五：一四一。閱陳攖寧孫女丹經註一文，是太虛法師針對陳攖寧先生書中一些佛教論述提出的批評。

閱陳攖寧孫女丹經註

原文　偶及陳攖寧君黃庭經講義與孫不二女丹經註，玆註黃序謂「學識最精博者，當推陳君攖寧」。吾於閱陳君書後，以其所治仙學，亦無間然。顧於玆註之涉及儒、佛處，在陳君雖僅在偏揚仙道，然於佛法不無誤蔽。故節取其文，略爲評訂。

蒲團子按　太虛法師所見，即陳攖寧先生於一九三四年八月出版的仙道叢書單行本黃庭經講義與孫不二女丹詩註。一九三五年時，太虛法師四十六歲按舊算法當爲四十七歲，陳攖寧先生五十五歲按舊算法當爲五十六歲。

原文　玆註凡例八云：「儒、釋、道三教，自漢以來，至於清季，彼此互相誹議，優劣迄無定評。君主政體改革而後，儒教早已同歸於盡，道教又不成其爲教，只餘佛教爲碩果之僅存。其中信徒雖多，而真實用功者蓋鮮。僧尼無論矣，即一般在家居士，所稱爲大善知識者，除教人念『阿彌陀佛』而外，別無法門。至於參禪坐香、打機鋒、看話頭等等，因淨土宗盛行，已漸歸淘汰。天台止觀，雖有入手之法門，僅作講經之材料而已，從未有人注意於實行修證者。近來又有所謂真言宗者，授自東洋，傳於中國，學者甚衆，每因持誦急迫，致令身心不調。總上四端，曰淨土，曰參禪，曰真言，曰止觀，近代佛教之精華，盡於此矣。然皆屬唯心的片面工夫，而對於唯物的生老病死各問題，殊無解決之希望。其所謂一切了脱者，都有待於身後，而生前衣食之需，男女之欲，老病之虞，皆與常人無異。至其死後如何，惟彼死者知之耳，吾輩未死者，仍難測其究竟也。況佛教徒之習氣，每謂惟佛獨尊，餘皆鄙視，教外諸書，概行排斥，雖爲宗教家對於教主應有之態度，所惜劃界自封，因此遂無進步。吾人今日著書，乃爲研究學理，預備將來同志諸人，實地試驗，解決人生一切問題，與彼闡揚宗教者用意固有別也。故對於道教之元始天尊、太上老君、玉皇大帝，毫無關係可言。至若儒、釋二教經典，及諸子百家，遇有可採者，亦隨時羅致，以爲我用，不必顯分門户。書中於仙佛異同，偶依昔賢見解，略加論斷，雖曰掛一漏萬，所幸不亢不卑，庶免隨聲附和，自誤誤人。蓋學者之態度，本應如是也。總之，不問是何教派，須以刻期見效爲憑據，以今生成就爲旨歸，苟欲達此志願，除却金液還丹，別無他術矣。謹掬微衷，敢告同志。」此中「然皆屬唯心的片面工夫……至吾輩未死者，仍難測其究竟也」，爲其抨擊佛教之結論。

蒲團子按 陳攖寧先生曾說，自己提倡道學思想，只是一種補偏救弊的意思。因爲在二十世紀三十年代，中國内憂外患，文化與國思潮頗盛。當時的佛教、耶教等，由於歷史的原因，均有了很好的發展，獨中華傳承數千年之道教式微。鑒於此，陳攖寧先生借揚善半月刊一隅之地，以仙學爲立足點，弘揚道教文化。陳攖寧先生所謂的道教，是廣義的道教，即以道家文化爲主體的中華傳統文化。由於宋代以來，仙學典籍中常夾雜佛教名詞。這本是文化交流、融合的一種現象，却屢屢遭到佛教中淺見之徒的詆毀。陳攖寧先生認爲：「以道而言，愈融和則範圍愈廣，儒、釋、道、仙，四者原可互攝；以術而言，愈分晰則畛域愈嚴。我既專弘仙學，則凡儒、釋、道三教教義有不能苟同者，皆在排斥之列，然對於三教聖賢，固未嘗失其敬仰也。彼禪宗之訶佛罵祖，亦猶此心耳，豈真狂妄哉！」陳攖寧：覆南京立法院黃懺華先生書，揚善半月刊，一九三五，三(二)。　這則凡例所述，即以仙學爲主旨，故對不合於仙學宗旨有所批評。

原文　然前題未當，結論不免於誤。

蒲團子按　所謂的前題，就是今生成就，讓修煉者能實實在在地脱離生老病死。這也是陳攖寧先生評定佛教「皆屬唯心的片面工夫……至吾輩未死者，仍難測其究竟也」最主要的觀點。宗教家許給信徒的，都是死後成就，這些是人無法親眼看到的。所以，要「信」。只有「信」，纔能「成就」。仙學要求必須在今生今世相應的時間內達到相應的效果，這就是刻期見效。故不應存在太虛法師所謂的「前題不當」。

原文　其曰「僧尼無論矣」，則似僧尼絕無真實用功者。

蒲團子按　陳攖寧先生「僧尼無論矣」一句有個前提，即「佛教爲碩果之僅存。其中信徒雖多，而真實用功者蓋鮮」。也就是說，佛教信徒雖多，而真實用功者不多，並沒有「絕無真實用功者」之意。其「僧尼無論矣」，就是說正式出家和尚、尼姑就不說了。然後指出「一般在家居士，所稱爲大善知識者，除教人念『阿彌陀佛』而外，別無法門」。這也是因爲當時淨土宗興旺異常，徒衆較多，一時間禪淨雙修、淨密雙修等方式頗爲盛行，以至於今。太虛法師此處所謂「似僧尼絕無真實用功者」之說，實非的當。

原文　然則連印光等專勤念佛者亦無聞也。

蒲團子按　陳攖寧先生初識印光法師，是在一九一八年。當時高鶴年先生偕印光法師與陳攖寧先生及狄楚青、程雪樓、王一亭、鄧心安諸居士會晤，「廣談孔孟諸家歷史，及淨土、因果等事」高鶴年·印光大師六十年苦行記。陳攖寧先生既慕人生佛教之導師並答問記云：「印光大師在民國十年以前經過上海，曾偕高鶴年老居士到舍間談論多時，所言皆各處風俗人情，及山中住茅蓬之狀況，但未言及佛法。」陳攖寧，蒲團子，張莉瓊：女子道學小叢書，香港：心一堂出版社，二〇〇九，一四九至一五〇。因爲陳攖寧先生主張自身修證成功，不仰仗他力，故對淨土宗並不推重。

原文　其曰：「居士稱大善知識者，除念『阿彌陀佛』外，更無法門。」然則連專修唯識觀而輕淨土之韓清淨亦無聞也。謂參禪已漸歸淘汰，實則高旻等禪堂與終南茅蓬猶保其緒，而昱山之端居普陀，虛雲之復興曹溪，守培之提唱浮玉，滬、嘉、杭間不少潛心於此之居士，則重振禪宗之機亦兆。

蒲團子按　陳攖寧先生此語，主要是因爲當時的淨土念佛法門盛行，以至於出現「參禪坐香、打機鋒、看話頭等等，因淨土宗盛行，已漸歸淘汰」的現象。陳攖寧先生是否與韓清淨相識，不得而知。但陳攖寧先生早年參訪過的禪宗冶開法師，在一九一八年時開辦過「念佛會」。其他禪宗大德，雖未必完全認同淨土法門，但至少也講禪淨平等。而太虛法師一句「重振禪宗之機亦兆」，也說明那時的禪宗確實有被淘汰之虞。

原文　天台止觀雖每爲天台講師資爲講料，而潛修者亦有寂雲、桂明、靜修等稍獲相應。

蒲團子按　太虛法師「雖每爲天台講師資爲講料」，已說明陳攖寧先生「僅作講經之材料」並非虛語。至於陳攖寧先生「從未有人注意於實行修證者」之說，恐怕正是針對那些講師而言。

原文　至於密宗，尤爲近歲新興之一重實際修證者。或東或台，或紅或黃，緇素之篤行有成、化傳不倦者殊眾，豈能以「授自東洋，每因持誦急迫，致令身心不調」抹煞之？

蒲團子按　陳攖寧先生原文明確指出「真言宗」，並明確指出「授自東洋，傳於中國，每因持誦急迫，致令身心不調」。也就是說，陳攖寧先生所說，是特指東密真言宗，而不是泛言密宗整體。

原文　況乎唯識、華嚴、律宗等，亦各有行人，非所舉之四所能括盡！如此淺知寡聞，不衷事實，信口開河，其亦非自詡學者態度之修仙家所宜歟？

蒲團子按 陳攖寧先生明確指出，此四端爲近代佛教之精華，並非以此四端而括盡佛教全部。至於陳攖寧先生是否「淺知寡聞，不衷事實，信口開河」，恐怕尚有研究之餘地。根據陳攖寧自傳所記，其二十八歲至三十一歲一九〇七年至一九一〇年，先後參訪過月霞法師、諦閑法師、八指頭陀、冶開和尚等高僧。一九一二年，月霞法師講經於頻伽精舍，外來男女聽衆數百人，而陳攖寧先生被高鶴年居士列爲「研究者」之一。高鶴年，陳攖寧，蒲團子．戊子年改訂本名山遊訪記．香港：心一堂出版社，二〇一五：二六七。陳攖寧先生在答覆上海公濟堂許如生君學佛五問中云：「民國二三年間，月霞法師在上海哈同花園辦華嚴大學，他所作的維摩經講義，都是我一手替他鈔寫。關於義理上事，像我這種外道，當然不能讚一辭。關於文字上事，區區未嘗不稍效微勞。又如高鶴年居士之名山訪遊記、黎端甫居士之法性宗明綱論，中間也許有一二句屬於我外道的手筆。因爲大家天天見面，不能不互相參酌也。哈同印行的一部佛教大藏經，我雖然没有在上面用過苦功，却是從頭至尾翻了一遍。月霞法師，以禪門之宗匠，闡賢首之玄風，在當代法師中間，總算是第一流角色，我在他面前，自認爲外道，而法師亦未嘗輕視我，明眼人畢竟不同。」陳攖寧．答覆上海公濟堂許如生君學佛五問．揚善半月刊，一九三五，二(一八)。又一九一五年，陳攖寧先生尚在杭州華嚴大學教和尚們地理。而且，楊仁山在世時，陳攖寧先生尚參訪過楊仁山，並有「曇鸞四錯」辯論之公案。如此種種，恐怕與太虛法師的看法有所區別。

原文 至謂皆屬唯心，而與唯物對舉。殊不知科學物理、生理、心理之三分，與仙道元精、元氣、元神之三分，皆未超凡情常識，而不足範疇佛智證宣之法。「法性真如」爲色心等一切法平等體性，不應對舉心物。即法相阿賴耶亦攝持一切種及根身器界，含綜心物，即人天等乘明業果流轉所基之蘊處界，亦皆兼攝心物而不離。故生老病死，衣食男女，淺言之，亦皆業果流轉中一期業果之所有事，非唯心亦非唯物也。枝枝節節而求解決，則蟲鳥等生，以至人間諸政教學，固萬不同，根本解決，則非了知爲業果，或進知爲賴耶、爲真如不能。知爲業果，而進業升果，曰人天乘；知爲業果，而解脱無餘，曰聲聞乘緣覺乘。深知業果所依曰賴耶，深知業果空性曰真如，一知信爲業果，即豎窮橫遍，無際無限，不以現身現世爲據點，但以現身現世爲過程。故陳君「不問是何教派，須以刻期見效爲憑據，以今生成就爲旨歸，苟欲達此志願，除却金液還丹，別無他術」與「不以現代人生環境爲滿足，不以宗教死後迷信爲依皈，務免衣食住行之困難，誓破生老病死之定律，非學神仙，安能滿願」、「倘今生不能修成仙體，束手待斃，强謂死後如何證果，如何解脱，此乃欺人自欺之談」等說，似乎足以排斥一切而獨揚仙道。然一遇佛法，仍無絲毫用處，以佛法所據在於無際無限之業果，所轉勝、所了脱、所澈底了脱而又圓淨妙成者，亦在於無際無限之業果，本不據定現身現世爲要如何若何之出發點也。人間政教學大都據定現世爲出發點，而仙道家似乎特別據定現身爲出發點，其曰「若儒、釋二教經典及諸子百家遇有可採者，亦隨時羅致以爲我用」，抑若示其寬容，實表其爲我自私之甚。故仙道家乃以「最深薩伽耶貪」爲其策源地，其得「長生」但據現身現世言，似亦可言解脱生死，其實不過由造仙業而引生一仙果，業盡所謂命，原只煖息識心連續之壽命耳又死，仍一生死，而非了脱生死也。以初未了如何謂死生，又烏從而解脱之？由此故，世間尚無確知「無際無限之業果生死」者，遑云得脱生死？雖欲不言惟佛教獨尊而不可得，習氣云乎哉！

蒲團子按　陳攖寧先生提倡的是今生成就，並且明確表示不滿足於死後成就或來生成就，所以選擇仙學，以期長生。太虛法師認爲佛教的成就不必要今生成就，「不以現世爲依據」。一個是今生成就，一個是來世成就，這原本就是兩個不同的概念，也無需强求相同。陳攖寧先生正是因爲不滿足於死後成就，所以纔努力追求今生成就的。而太虛法師用一大套理論來闡述佛教不限定現世成就，也說明佛教對現世成就確實没有把握。並且，太虛法師一邊認爲仙道「其得『長生』但據現身現世言，似亦可言解脱生死，其實不過由造仙業而引生一仙果，業盡又死，仍一生死，而非了脱生死也」，把長生與長壽混爲一談。這也是很多狹隘的佛教徒之觀點。所謂的長生，就是長久的存在，就是不死。長生是仙家解脱生死的基礎。而佛家歷來一定要把長生定義爲長壽，即壽命可以長至無量，但最終必定要死。所以，佛家一定要把仙家納入其人天乘，也一定要讓仙家死後成就。至於太虛法師「自私之甚」之評語，是無可辯駁的。因爲仙學本來就非普渡之學，這也是陳攖寧先生一直所主張的。

原文　或問：　然則禪宗言「立地成佛」、密宗言「即身成佛」，又有「此身不向今生度，更向何生度此身」等語，不亦有據定現身現世爲出發點之咎乎？　答曰：　不然。禪宗蓋以直明一切法空平等性爲成佛，其云立地，雖不離現世，而並不據定乎現世。密宗之即身，似有隨順凡情薩伽耶貪之處，然進知身爲五蘊六大，則亦無即無不即矣。而「不向今生度」、「何生度此身」之說，則於無際無限之業果流中，就當下鞭策精進修證耳。

蒲團子按　禪宗之「立地成佛」，密宗之「即身成佛」，「不向今生度」「何生度此身」，算是佛教中最有骨氣的説法，然而在太虛法師的眼中，這些都是爲了「鞭策精進修證」而已。也就是説，這些説法只是鼓勵學佛者勇猛精進，但即使勇猛精進，也不一定成功，也難免生死流傳，還是要死，還是等到來生來世成就佛果。陳攖寧先生之所以選擇注重今生成就的仙學，正是因爲其他宗教死後成就之說「吾輩未死者，仍難測其究竟也」。其實，這只是兩種不同的選擇而已。

原文 現於聲聞菩提、獨覺菩提、無上菩提得不退轉，亦今生度也； 命終得上生内院，往生極樂，亦今生度也。豈與所謂「死後如何證果、如何解脱乃欺人自欺」者同乎？故彼爲不知不信業果之説，而此爲了知業果而求解脱之語，絶然不容相混濫也！

蒲團子按 太虛法師認爲覺悟之後，或死後往生淨土，也是「今生度」。但這恰恰是陳攖寧先生所質疑的。陳攖寧先生追求的是在今生今世解決生老病死問題，認爲死後證果、解脱之説無法求證，是自欺欺人之論。而太虛法師則認爲「彼爲不知不信業果之説」。也就是説，太虛法師認爲，陳攖寧先生提倡的今生今世成就之説，是不知、不信業果之説，如果知曉、相信業果之説，那麽也就會認可死後成就之説。太虛法師最終還是把成就許到了來生來世，這自然與陳攖寧先生期許是相左的。雖説仙家鮮有成就者之事實也爲人所詬病，但仙家起碼有一個條標準，就是敢於向今生今世發起挑戰。失敗歸失敗，但總努力向着成功邁進。這種精神，與一些狹隘的宗教家見識是不同的。

原文　又仙書用佛典名，多非佛義，其辨別「舍利子」一名，頗涉論及佛教云：「舍利子在此處爲內丹之代名詞，然非佛家所謂舍利之本意。究竟舍利子與金丹是同是異，修佛與修仙其結果有何分別，皆吾人所急欲知者，而各家經書咸未論及。雖楞嚴經有十種仙之說，是乃佛家一面之辭。除佛經外，凡中國古今一切書籍記載，皆未見有十種仙之名目，似未可據爲定論。吾國人性習，素尚調和，非但儒道同源，本無衝突，即對於外來之佛教，亦復不存歧視，彼此融通，較他教教義之惟我獨尊者，其容量之廣狹，實大不同。而青華老人之論舍利，尤爲公允。意謂：『佛家以見性爲宗，精氣非其所貴，萬物有生有滅，而性無生滅，涅槃之後，本性圓明，超出三界，永免輪迴，遺骸火化之後，所餘精氣，結爲舍利，譬如珠之出蚌，與靈性別矣。而能光華照耀者，由其精氣聚於是也。人身精氣神，原不可分，佛家獨要明心見性，洗發智慧，將神光單提出來，遺下精氣，交結成形，棄而不管。然因諸漏已盡，禪定功深，故其身中之精氣，亦非凡物，所以舍利子變化隱顯，光色各別。由此推之，佛家所謂不生不滅者，神也。其舍利子者，精氣也，即命也。彼滅度後，神已超於象外，而精氣尚留滯於寰中也。若道家則性命雙修，將精氣神混合爲一，周天火候，煉成身外之身，神在是，精在是，氣在是，分之無可分也。故其羽化而後，不論是肉身化炁，或是尸解出神，皆無舍利之留存。倘偶有坐化而遺下舍利者，其平日工夫，必是偏重於佛教方面，詳於性而略於命也。性命雙修之士，將此身精氣神團結得晶瑩活潑，骨肉俱化，毛竅都融，血似銀膏，體如流火，暢貫於四肢百節之間，照耀於清靜虛無之域，故能升沉莫測，隱顯無端。釋、道之不同如此。』『佛家重煉性，一靈獨耀，迴脱根塵，此之謂其性長生；仙家重煉炁，遍體純陽，金光透露，此之謂炁長生。究竟到了無上根源，性就是炁，炁就是性，同者其實，異者其名耳。』」按楞嚴十種仙之說未爲定論，則且就陳君之所云：「仙有五等：有鬼仙，有人仙，有地仙，有神仙，有天仙。鬼仙者，不離乎鬼也，能通靈而久存，與常鬼不同；人仙者，不離乎人也，飲食衣服，雖與常人無殊，而能免老病死之厄；地仙者，不離乎地也，寒暑不侵，饑渴無害，雖或未能出神，而能免衣食住之累；神仙者，能有神通變化，進退自如，脱棄軀殼，飄然獨立，散則成氣，聚則成形；天仙者，由神仙之資格，再求向上之工夫，超出吾人所居之世界以外，殆不可以凡情測也。」據以論之，鬼仙可不談，人仙、地仙則陳君以爲可解決老病死、衣食住之問題者也。姑不論老病、衣食之果得免否，而死與住則可決知其未免。特遲死與易住而已。由仙術而免老病衣食，其愈以由醫藥衣食而濟老病饑寒，亦五十步百步耳。神仙神矣，而要亦近似五通等四王天神耳。天仙至矣，或可超入忉利天，等而上之，則超而空居天，再超而色界天耳。

蒲團子按　仙術修煉的結果，就是了却生死。有方法，有驗證，且步步有景有驗。這與宗教家單憑信仰升天界、入天國等迷信來世成就者不同。太虛法師之論，延續歷代狹隘佛教徒之舊調，將仙家之仙與佛家之仙混爲一談，故而所有的仙家之仙均須一死方可，而且還須「必死」。

原文　青華老人謂「精氣神原不可分，佛家獨明心見性，洗發智慧，將神光單提出來，遺下精氣，結成舍利」，此自爲仙道家常說之佛家修性不修命、仙家性命雙修調套，其實何嘗夢見佛說之心之性乎？

蒲團子按　仙家所謂佛家修性不修命，是認爲佛家以開悟爲主，而不注意色身的修煉。仙家所謂的性命雙修，是指既要開發智慧、覺悟大道，又要堅固色身，並將智慧與色身經過煅煉，使之團結一起，永久存在。青華老人「舍利」之解，僅是對學佛者去世後經火化時出現的物質作出的解釋。這只是就事論事而已。修性不修命包涵廣泛，並不局限於「舍利」現象。太虛法師以此發難，可見其對仙家學說所知甚少。

原文　終謂「佛家性長生，仙家炁長生，到了無上根源，性就是炁，炁就是性」則又調和傳會。就其和會處言之，亦再超而無色界天耳，尚不知阿羅漢之涅槃。況諸菩薩智境及佛智境乎？

蒲團子按　陳攖寧先生嘗言，仙佛調和派之論，本是中華文化喜融合性的結果，然仙家雖不棄佛家學說，意欲調和之，但每每遭到佛家人士的譏諷。從太虛法師對青華老人所言之態度，更知陳攖寧先生所說有據。何況，仙家追求的是肉身成就，本就不追求什麼阿羅漢之果，更不是只想得到什麼菩薩智與佛智。套用太虛法師的一句話，仙家所追求的，是智慧與肉身的升華，既不廢智慧，更不棄肉身，這就是性命雙修。

原文　況陳君自言從未得覩「出神」以上之經驗，則神仙、天仙亦僅從傳說，而所謂「孫不二元君以香風瑞氣出」，亦何異現今常有之命終念佛往生瑞象？就凡眼言之，曷嘗非死非不足信乎？至佛遺舍利，亦猶留經像以化導人天耳，豈於此課其功果哉？

蒲團子按　太虛法師這段論述還是有點意義的。反正都是死，本無高下之分。所不同者，仙家尚追求肉身成就之精神，佛家則把一切交給他生後世。若強爲辯之，香風瑞氣出，是肉身生化氣體而出現身外有身，是生的形式轉變而已； 念佛往生現瑞象，只不過是死時之景象。 至於若佛留舍利，從宗教意義上，作留經留像解本無不可，但若從事實與科學角度來判斷，亦似未必。 陳攖寧先生坦言未得覩「出神」，是一種事實求是的客觀態度，其言仙家的追求是長生不死，但依然秉持科學的精神做驗證。 舍利只是舍利，說東說西，其本質不會變的。

原文 或謂信然，則佛仙優劣較然，仙實不能比近於佛，何以前此作化聲序，獨許化聲居士之習仙道乎？ 曰： 儒、仙雖未明業果之流，而儒資人乘，仙資天乘，較世間善政善教善學之可資人天乘者，尤爲剴切。 今佛徒未充戒善之基，亦虛禪定之梯，去其執滯而善引用之，皆足資以爲助。 且自在一類人，已於此習之有素，可引令就路而通佛。 復有一類人，薩伽耶貪業深者，須於彼借路而通佛，故亦應存此方便門耳。 至欲據其偏見片行，或固執之以對抗於佛，或揚厲之以斥排於佛，斯則掩蔽真聖，惑障凡愚，不能不爲眾生之慧命而略申其說也。

蒲團子按 仙家、佛家的宗旨本不相同，本不必强同。 仙家雖融合佛家學說，雖不滿足來生成就，雖對佛家修性不修命有不同的看法，但從未勉强將佛納入自己的體系。因爲仙家逍遙物外，極端自由，並從不管他人的閒事。仙、佛之辨，始自何時，我未作過考證。但宋元以來，由於三教合一思想之盛行，儒、釋、道三家混爲一談，以致聖、佛、仙也相混而談。三教一貫之說，其聖、佛、仙本是同等地位的。但宗教家出於宣教之目的，故有了惟我獨尊之狹隘意識。陳攖寧先生專弘仙學，其目的也很明確，就是要讓仙學不依附於三教義理之下。其在答化聲先生一文中云：「寧對於儒、釋、道三教，不欲議其得失，免啟無謂之爭。今只將仙術從三教圈套中單提出來，扶助其自由獨立，使世人得知儒教、釋教、道教而外，尚有仙教；理學、佛學、玄學而外，尚有仙學，於願已足。較之中華民國，從列强條約層層束縛中，努力掙扎，以求自由獨立者，其用意正復相同。敵乎友乎，惟在儒、釋、道三教信徒之自處，不容我預存成見於其間也。」陳攖寧：答化聲先生，揚善半月刊，一九三七，四（一六）。

原文　仙家所謂元神、元炁、元精及性長生、炁長生，要惟業果愚（異熟愚）所愚之業果，仙家若了知業果而徹底空脫之，則亦易證阿羅漢辟支佛之涅槃，此釋尊十大弟子所以多從外道來也。

蒲團子按　仙家有仙家的理論，佛家有佛家之思想。仙家因不滿足於佛家之死後成就，就成了異熟愚，那佛家不曉仙家之究竟而闢之，是否屬於佛家所說的貢高我慢、癡愚呢？　仙家追求是仙人境界，太虛法師非要仙家成就阿羅漢、辟支佛，究竟意欲何爲？

觀太虛法師之全文，無非因陳攖寧先生對佛教方法的不滿足引起。從宗教角度，太虛法師奮力回擊，無可厚非。只是，太虛法師與陳攖寧先生的思路，沒有太多的交集，一個尋求今生成就，一個只講來生他世，然後用不甚相干的理論來判定此優彼劣，細細讀之，也頗覺可笑。僅就此篇文章來看，太虛法師的邏輯不嚴密，論理也頗爲牽强。蓋因此種事情，歷代以來，聚訟紛紛，難有定論。太虛法師是近代佛教思想的改革者，應該有更高更寬的視角。這篇文章的觀點與論述，確實讓我對太虛法師還是有些失望的。

寫在後面

對於這篇文章，陳攖寧先生在一九四七年的一篇文章中曾記載：「十年前，不才提倡神仙學術時，太虛大師於海潮音上曾有長篇文字，批評拙著仙學各書。不才頗能諒解其維護本教之苦心。初次不欲在刊物上顯然與之開辯論，但間接致函某君，托其轉達太虛大師，說明我的用意。彼此並未直接通函，事後亦無下文。」陳攖寧，蒲團子，張莉瓊：女子道學小叢書，香港：心一堂出版社，二〇〇九：一四九至一五〇。從陳攖寧先生的文字中，也可以看出太虛法師的文字尚有未臻圓滿之處。

據陳攖寧先生慨慕人生佛教之導師並答客問云，在一九三七年的時候，一位素不相識者來函欲由南京往上海西郊梅隴鎮陳攖寧先生的寓所探訪。或許是當時戰事紛亂，陳攖寧先生覆函勸其勿訪，並問其何由得知住址。某君的第二次來函稱，其當日隨蔣介石遊雪竇寺，與太虛法師閒談，說自己雖然好佛，但也喜歡仙。並向太虛法師表示，佛門有太虛法師這樣大人物爲其開示，並有各地佛門善知識可以隨緣參學，獨仙學人才缺乏，無從問津。外道雖多，但無令其滿意者。更向太虛法師請教，說太虛法師交遊甚廣，問其可知專門仙學是否還有人才。太虛法師云：「真正仙學人才，誠感覺寥落，但亦非絕無。」遂將陳攖寧先生之地址告知某君，也方有某君意欲探訪之舉動。陳攖寧先生當年專弘仙學，並意欲「犧牲十年光陰，指摘佛教大藏經中所有一切矛盾及疵累，因感於太虛大師洪度雅量，無形中被其軟化，乃將已成之稿焚燬，未成各篇亦棄而不作，僅發表辨楞嚴十種仙一篇，遂從此停止筆戰」。陳攖寧先生並因此感慨道：「震動一時的仙佛論辯，漸漸歸於烟消火滅。因此，佛教學理上遂少了一個敵人，足見太虛大師手段之高明。而其護持佛教，更有異勝之方便，迥非其他固執成見、拒人於千里之外者所能及。」並言：「嘗觀人世間意氣之爭，至烈至酷，往往因小不忍弄到不可收拾之地步。假使雙方有太虛大師之度量，則化敵爲友，直易如反掌。蓋以事在人爲，原無絕對的是非可說。若必欲執著我見，排除異己，絲毫不能通融，天下遂從此多事矣！」陳攖寧，蒲團子，張莉瓊：女子道學小叢書：香港：心一堂出版社，二〇〇九：一四九。

太虛法師這篇八十年前的閱陳攖寧孫女丹經註一文，確有不完善之處。但太虛法師對佛教改革的成果及對佛學的發展，絲毫不會因這篇小文章而受影響。我讀這篇文章，只是爲了研究陳攖寧先生及陳攖寧仙學學術。通過太虛法師的這篇文章，及陳攖寧先生對這篇文章的看法，乃至因此篇文章所引發的以後的事情，也可以體味到大師們的風采。原本可能發生的一場論戰，最終導致兩位大師相互尊重，這也算是一段佳話吧。

二〇一五年十月十四日蒲團子於存真書齋

清末外丹經輯著金火大成

金火大成，又名金火集要，是清末出現的一種外丹輯著，外界流傳極少。其相關信息，陳國符道藏源流考中有一小段記述，孟乃昌煉丹史上最後一部著作金火大成一文中也有相當的介紹。此外，陳攖寧先生等節鈔本金火大成中，有一些較爲詳細的資料。

金火大成的匯輯者李保乾

李保乾，字仙舟，號復初子，清代四川唐昌（即今成都市郫縣唐昌鎮）人，爲金火大成一書的匯輯者，生平不詳。根據其作於光緒甲申（即一八八四年）之金火集要自序所云「乾今年逾古稀」一語，可推測其應該出生於一八〇四年至一八一四年之間，即清嘉慶九年至嘉慶十九年。幼時即慕煉丹術，雖學儒家學問，然「文章之念總不敵鉛汞之思」。然每爲方士所惑，累次試驗燒煉外丹，結果毫無成效。經十數年，財竭業廢，又因家境困難，未能再行燒煉。只是稍有閒暇，即玩味丹書，並鈔錄之。但對丹書中之妙訣，總未了然。

李保乾三十歲左右遷居錦城（即成都），因偶遊丞相祠，得遇張某傳授其丹道大旨，「始知金木交併之機，丁壬會合之妙」。並承師指，覓訪先聖遺書，累集數十卷，名金火大成。一八五八年，李保乾之舊友三復子唐道宗來訪。因唐道宗深明易道性命之功而無財力資助入室下功，故請李保乾授其黄白之術，並以其自著周易真解相酬。李保乾遂據師授丹訣，撰就了易先資一書。

一八六四年，就正子遊成都，遇李保乾授以外丹秘旨，並出示鈔本古書二十五種及李保乾自著了易先資，合稱金火集要。就正子遂與王遜業、彭躋軒、黎顯文及就正子堂兄建之、胞弟鎮南共議定刊板，並將「前已有人鏤板成集」之龍虎上經、承志錄、金藥秘訣等書，合併一處，「共成完璧」。根據就正子序文中「善成者乃至於大成」，是知此次刊刻的書名或爲金火大成。

一八七三年，李保乾的弟子抱元子張守和，將李保乾授其之丹經匯集成册，名曰金火大成，並於一八七四年刊刻完成。此即「同治十三年刊」金火大成。

一八八四年，李保乾七十餘歲，其間「下韋編三絕之功已四十餘年，始知驅就虎之秘，金木交併之元。因乏丹貲，遍訪名賢，緣奇不偶，道器難逢。與乾相識者頗多，各有自拒之病，或好名而貪利，或挾貴以驕人，或豪富而吝財，或家貧而難舉，或持偏見而妄解古訓，或求速效而專務旁門。種種弊端，難以盡述」，但對外丹術尚抱以拳拳之心，不肯放棄。一八八四年春，李保乾利用餘暇，「集諸經中要言以增述」外丹經。但其所增述者爲何，是否與金火大成有關，無可考證。

此後，李保乾之事迹無考。

一九一九年，道藏輯要續收錄了與李保乾相關的華山碑全集、金火靈篇、夢醒錄三種，及李保乾自著了易先資。

一九二一年，復真堂版了易先資印行。

本節內容，根據金火集要自序、金火集要就正子序、金火集要張守和序、了易先資自序、金火靈篇李保乾序等撰就。

金火大成的已見版本

從現有的資料來看，金火大成的已見版本有三種，即陳攖寧先生等節鈔本、陳國符所知之版本、孟乃昌所見之版本。從三人的記述中，可以發現這三種版本各有不同。

陳攖寧先生等節鈔本，抄於「民國十年已前」蒲團子按：即公元一九二一年以前，其版本爲「同治十三年刊，板藏蜀西精術館」。鈔本封面均題「金火大成」四字，其總目錄題爲「金火大成總目」，其中目錄的序文條題爲「金火集要自序」。「同治十三年」，即公元一八七四年。但從李保乾的金火集要自序文末所署「大清光緒甲申歲」蒲團子按：「光緒甲申歲」，即公元一八八四年可知，此節鈔本所採用的底本，最早爲光緒年間刻本。孟乃昌在煉丹史上最後一部著作金火大成中記載，其所見到的版本，「板存錦城雷信述齋」，並且「在第一卷封二位置上，有黃表紙單頁，縱行三欄，中隸書大字『金火集要』，右上『同治十三年刊』，左下『前書名金火大成，今改爲集要』」。孟乃昌：煉丹史上最後一部著作金火大成，大自然探索，一九八三（三）：一二六，這個版本也沒有具體刊行年份，但同樣收錄了「大清光緒甲申歲」李保乾撰寫金火集要自序。

陳國符道藏源流考中對金火大成的記載，來自易心瑩道長所述。其版本爲「一九一九年成都施精術館書局新刊刻」，並認爲金火集要即金火大成。陳國符：道藏源流考，北京：中華書局，一九六三：二八九。因爲陳國符未見原書，故其記述是否準確，有待考證。其中「成都施精術館」是否就是陳攖寧先生等節鈔本所謂的「蜀西精術館」，也是有待考證的。但相關資料表明，確有「成都精術館」刊印的書籍行世，故「施精術館」或許爲陳國符之誤記。

金火大成之刊刻

陳攖寧先生等鈔本金火大成有序文三篇，依之可以瞭解此書刊刻的相關信息。

第一篇序文是文末題署「大清同治閼逢困敦歲金旺月火庫日南湯氏會全就正子序於温養閣」的新刻金火集要序。鈔本「南湯氏」之「湯」筆畫不清晰，也可能是「陽」；「閼逢」爲十天干中「甲」的別稱，「困敦」爲十二地支中「子」別稱，「同治閼困敦歲」即「同治三年甲子」，亦即公元一八六四年；「會全就正子」，「會全」可能是作者之名，「就正子」則是作者之號。蒲團子按：孟乃昌在煉丹史上最後一部著作金丹大成中也提到「會全就正子」，但未提及「南湯氏」三字。這大約跟「南湯氏」三字令人費解有關。愚以爲，「南湯氏」可能跟作者的姓氏有關。也就是說，這篇序文作於一八六四年。序文云：「及遊錦城，荷蒙師恩，授以外丹秘旨，復出鈔本古書二十五種，新著了易先資一册，號曰金火集要。披書細玩，條理不紊。」又云：「乃知世所謂燒丹者，皆詐財術也。是書不出，世之假道斂財挾術惑人者，將伊胡底？由是慨然有刊板之思。時有王君遜業、彭君躋軒、黎君顯文、堂兄建之、胞弟鎮南僉有同志刊板之議，益以定。而龍虎經、承志錄、金藥秘訣等書，前已有人鏤板成集，兹併合爲一部，共成完璧，所謂『善成者乃至於大成矣』。」由這些文字可以看出，金火大成内容包括古書鈔本二十五種，李保乾自著了易先資一種，共計二十六種。這與陳國符、孟乃昌所說的二十五種是有區别的。文中雖然未提及「師」之姓名，但從師授新著了易先資，即可證此「師」即李保乾。從序文作者的引語「善成者乃至於大成矣」，大概可看出金火大成書名的由來，是知文中所用金火集要之名，當爲後來之修改。文中並說明了當日參與刊板的諸同道，除序文作者就正子外，還有「王君遜業、彭君躋軒、黎君顯文」及就正子「堂兄建之、胞弟鎮南」。另，根據就正子「而龍虎經、承志錄、金藥秘訣等書，前已有人鏤板成集」一語，似乎此前已有人開始刊刻這些丹經。至於這個版本是否刊刻行世，不得而知。

第二篇序文爲李保乾的金火集要自序。序文云：「乾髫齡時即慕斯道，每爲方士所惑。」「後遇至人，聆其大旨，命覓訪先聖遺書，累集數十卷，名金火集要。下韋編三絕之功已四十餘年，始知驅龍就虎之秘，金木交併之元。」說明李保乾的金火大成或曰金火集要，是遵至人之命而訪得之先聖遺書。又云：「乾今年逾古稀，猶拳拳不置。茲值錦里春回，融日餘暇，集諸經中要言以增述之。」李保乾的這篇序文寫於「大清光緒甲申歲花朝月老聖壽日」。光緒甲申，即光緒十年，亦即公元一八八四年；花朝月、老聖壽日，均指農曆二月十五日。由此可知，李保乾在一八八四年時已七十多歲了。至於其「集諸經中要言以增述」，或爲「大成」改爲「集要」的依據。但全書未見具體的「集要增述」內容，也無法看出「集諸經中要言以增述之」與金火大成一書的具體關係。這篇序文最後云「乾著有了易先資一冊，其中三論，雖不敢曰黃白之準繩，亦足稍資開悟」，則明顯將了易先資與金火大成分而述之。李保乾的這篇序文，看不出跟金火大成或者金火集要密切相關的內容，也無法瞭解金火大成的刊刻信息及由「大成」改爲「集要」的具體時間與原因。

第三篇序文即文末題署「大清同治癸酉孟秋萬春抱元子張守和識」的金火集要序。「同治癸酉」，即同治十二年，亦即公元一八七三年。序文云：「余承師授，歷有年所，屢因時勢艱阻，未獲良緣修煉大藥，爰將師授丹經匯集成帙，名曰金火大成，凡言天元服食、地元點化者，莫不具載，獨死倭一法，未得繕本。然細玩此數十卷中，言藥物，言配合，言火候，各有詳略之不同，如能會而通之，丹道已十得八九矣。竊見世俗鈔錄經文訛誤者多，今將所集繕本梓行，以公同好，庶使前賢之心血不泯滅於人間，而後世有志之士，廣覽遺編，因文啟悟，皆得成大羅天上客也。」根據孟乃昌煉丹史上最後一部著作金火大成所述，雷信述齋版金火集要中，原「大成」基本都改爲「集要」。而孟乃昌引用這篇序文的內容中，與陳攖寧先生等節鈔本一樣，「名曰金火大成」中的「大成」二字並未修改。是漏改，還是有意保留，則無法考證了。抱元子張守和曾註解李保乾了易先資並爲金火燈作序。這裏需要注意的一點，就是序文中「爰將師授丹經匯集成帙，名曰金火大成」。也就是說，金火大成是張守和將李保乾授與的丹經匯集而成，而不是直接採用就正子的刊本。

如果仔細分析這三篇序文，可以發現其中有不少值得注意的地方。一是金火大成至少有兩次刊刻，即就正子等刊刻、張守和刊刻。而就正子的刊刻本是否完成，是否印行，現在尚無法印證。二是從張守和的序文來看，其刊刻之金火大成與就正子刊刻本應該關係不大，其稱金火大成是將李保乾所授丹經匯集而成。三是「同治十三年刊」是否刊刻行世，李保乾光緒甲申一八八四年所撰序文之刊本是否爲李保乾親自對「同治十三年刊」本的刪削、修改而成即刪除洞天秘典、承志錄、銅符鐵券三書。四是金火大成與金火集要書名的改動究竟出於何種原因。這些均無法得到明確的答案。

從現在的資料來看，張守和的「同治十三年刊」本，是基本完成了的。陳攖寧先生等節鈔本、孟乃昌所見之雷信述齋版及陳國符聽易心瑩道長所述版本，都與張守和的「同治十三年刊」本有關。

金火大成的内容

陳攖寧先生等節鈔本金火大成總目記載：「金火大成總目，同治十三年刊，板藏蜀西精術館。一卷：金火集要自序蒲團子按：共三篇、龍虎上經、金藥秘訣、明鏡匣經、金穀歌、火蓮經。二卷：金誥摘錦、無極經、還金術、地元真訣、答論神丹。三卷：漁莊錄。四卷：十段錦、地元正道、三種金蓮。五卷：秋日中天、中天附集、黃白破愚、黃白鏡、黃白雜詠蒲團子按：即續黃白鏡。六卷：我度法藏、黃白指南車、金火燈。」此目錄中所列書籍，共計二十二種，無陳國符與孟乃昌所提到的洞天秘典、承志錄、銅符鐵券及李保乾自著之了易先資陳攖寧先生另抄有洞天秘典與了易先資兩種，而多出中天附集與黃白雜詠名目。如果將洞天秘典、承志錄、銅符鐵券及了易先資四種包括在陳攖寧先生等節鈔本所依據之底本內，正符合就正子等一八六四年刊刻時的二十六種之數目。

孟乃昌煉丹史上最後一部著作金火大成中的列舉的目錄有兩種，一種原來的總目，一種是實際的裝訂目錄。其所錄原目爲：「卷一：金火集要原註：二字挖補自序、龍虎上經、金藥秘訣、明鏡匣經、金穀歌、火蓮經。卷二：銅符鐵券。卷三：我度法藏、金誥摘錦、無極經、還金術、地元真訣、答論神丹。卷四：漁莊錄。卷五：十段錦、洞天秘典、地元正道、三種金蓮。卷六：秋日中天、黃白破愚、黃白鏡。卷七承志錄。卷八：黃白指南車、金火燈、了易先資。」每種書名之後，註明「全集」二字。其中銅符鐵券、洞天秘典、承志錄三書後均註明「抽去」。其列舉的「集要實際裝訂」目錄中，卷一未註明金火集要自序，但從其文章來看，實際裝訂本收錄了三篇序文，其後依次爲龍虎上經、金藥秘訣、明鏡匣經、金穀歌、火蓮經；卷二依次爲我度法藏原註：據中縫，原爲卷八、金誥摘錦、無極經、還金術、地元真訣、答論神丹；卷三原註：中縫爲卷四爲漁莊錄；卷四原註：中縫爲卷五依次爲十段錦、地元正道原註：頁相連於上、三種金蓮；卷五原註：中縫爲卷六依次爲秋日中天、黃白破愚、黃白鏡；　卷八原註：中縫爲卷八依次爲黃白指南車原註：次序第一，頁二十五起，蓋接我度法藏、金火燈、了易先資。孟乃昌·煉丹史上最後一部著作金火大成·大自然探索，一九八三(三)：一二七。

孟乃昌的文章中，有兩個詞需要說明一下。一是「挖補」一詞不準確，應該爲「修改」之類，這種情況在古書刻板中常有見到，屬於對刻板的修正。二是「中縫」應爲「書口」與書脊相對，是古書折頁的連接處即現在圖書的「切口」。也就是說，目錄中「金火集要」之「集要」二字，是對「大成」二字修改而成。而孟乃昌對原板卷數的信息，則來自位於每册書口處的信息相當於現在圖書中的書眉之類。在「集要實際裝訂」目錄中，卷四地元正道後註明「次序第二，頁相連於上」。在卷四中，地元正道之前，有兩本書，第一種是十段錦原注：次序第一、第二種是洞天秘典，而孟乃昌認爲洞天秘典「抽去」。「集要實際裝訂」本中，没有洞天秘典一書，其頁數應爲未知，故此「上」當爲十段錦。也就是說，雷信述齋版金火集要，十段錦與地元正道頁數相連，洞天秘典的「抽去」並不影響頁碼的連續性。而孟乃昌認爲，雷信述齋版是直接用的「同治十三年刊」版。因此，「同治十三年刊」版可能並没有刊刻洞天秘典。同樣，銅符鐵券、承志錄，也有可能未刊刻。這也符合陳國符聽說的「未刊」之說。

陳國符道藏源流考據易心瑩道長之述，簡要介紹了金火大成一書之情況。其云：「一九一九年成都施精術館書局新刊刻，晚清李保乾集金火大成，收有二十五種外丹要籍，其中多明人撰述。總目如下：卷一，金火集要原註：即金火大成自序、龍虎上經、金藥秘訣、明鏡匣經、金穀歌、火蓮經；卷二，銅符鐵券原註：未刊；卷三，我度法藏、金誥摘錦、無極經、還金術、地元真訣、答神丹論；卷四，漁莊錄；卷五，十段錦、洞天秘典原註：未刊、地元正道、三種金蓮；卷六，秋月中天、黃白破愚、黃白鏡；卷七，承志錄原註：未刊；卷八，黃白指南車、星火燈；卷九，了易先資原註：不在此書內。」陳國符．道藏源流考．北京：中華書局，一九六三：二八九。陳國符自稱並未見此書，是聽易心瑩道長所述而記錄。這段文字中，除了「施精術館」可能爲「精術館」之誤外，答論神丹誤記爲「答神丹論」、秋日中天誤記爲「秋月中天」、金火燈誤記爲「星火燈」。陳國符記錄總目，與孟乃昌的記載基本相同。但陳國符明確指出銅符鐵券、洞天秘典、承志錄三書「未刊」，並指出了易先資不在金火大成之內。

從文字而言，陳國符的記述較爲客觀，即只把聽到的記錄下來。至於陳國符所謂的龍虎上經與還金術屬內丹經之說，是仁智之見。

孟乃昌見過修改後的金火大成，即雷信述齋版金火集要，其記述自然要詳細一些。但孟乃昌的文字頗多有失嚴謹之辭。如「書名口氣頗爲自負的大成，到謙遜得多的集成蒲團子按：當爲集要，反映了著輯者李保乾由六十歲到七十多歲十年間眼界的開闊。由書名變遷而主體未動看，那抽去的幾部書，倒可能是他自以爲不够嚴謹的書而不是要『保密』」。孟乃昌：煉丹史上最後一部著作金火大成：大自然探索，一九八三（三）：一二七。這種說法有些牽强。倒是李保乾金火集要自序中謂因訪賢不偶，年逾七十尚存燒煉之志，故在餘暇「集諸經要言以增述之」，更符合「集要」之義。至於其認爲陳國符所述目錄中的「答神丹論」、「星火燈」與大成本「略有小異」孟乃昌：煉丹史上最後一部著作金火大成：大自然探索，一九八三（三）：一二八，這種說法也值得商榷。陳國符明確說明自己並未見過原本，故而記錄中出現誤聽誤記應該是正常的，這裏的「略有小異」，很大程度上是誤記，而不是版本的「小異」。至於將金火大成稱爲「煉丹史上最後一部著作」，似乎也不太妥當。李保乾輯金火大成，大部分是前人的著作，只有了易先資明確爲李保乾所著。雖然孟乃昌認爲此輯中有幾本著作可能爲李保乾托名，但没有明確證據。而李保乾後，時至今日，仍有人在研究、試驗外丹，並收集、整理乃至撰寫外丹著作，所以「煉丹史上最後一部」之說不妥。至於孟乃昌對金火大成所收書籍的作者質疑，亦頗多錯漏。如其云：「金藥秘訣，托名張伯端序，似爲明清人著。」孟乃昌：煉丹史上最後一部著作金火大成：大自然探索，一九八三（三）：一二九。其實，金藥秘訣已收入明代一壑居士彭好古的道言内外秘訣全書之道言外，說明此書至少是明人著作，不可能爲清人著作。又如其云：「秋日中天，序言爲『嘉靖癸丑』原註：一五五三年『祝雲鶴自叙』，但行文語氣、詞彙均似輯者李保乾，大概是他代寫的。」孟乃昌：煉丹史上最後一部著作金火大成，大自然探索，一九八三(三)：一三〇。這個猜測也是不正確的。秋日中天一書，在清康熙年間陶素耜道言五種承志錄陶素耜，玉溪子，蒲團子：道言五種，北京：中華書局，二〇一一：三五九至四四三中就屢屢提到。根據承志錄序文，承志錄由太華山人彭純一作於明代萬曆癸未年即公元一五八三年，可見秋日中天一書確爲明代人著。又，早於李保乾的濟一子傅金銓在道書十七種中亦收錄有秋日中天殘篇，更可知此書非李保乾代寫。這些未經考證的觀點，難免會影響煉丹史上最後一部著作金火大成一文的客觀性。

陳攖寧先生等節鈔本金火大成簡介

根據陳攖寧先生一則一九二一年農曆三月初一日的記錄，在一九二一年以前，其與道友鈔錄的外丹經有二十本一說二十一本。現在流傳下來的，應該有十本左右，還有一部較爲詳細的外丹經目錄。從現有的資料來看，陳攖寧先生還有一部分一九二一年以後的外丹鈔本，但篇幅不大。

陳攖寧先生等節鈔本金火大成，未按目錄次序鈔錄，每册上均有陳攖寧先生的批註文字。今按鈔本順序，略作介紹。

秋日中天，題署「祝雲鶴先生著，湯若望先生註」。有祝雲鶴序文一篇。因序文中有一句「遍訪先聖之遺篇，而沉潛返復，參透奥旨」，故陳攖寧先生批云：「此君是由書中得來，不是由師授。」全書包括金丹總旨、進道論、進道歌、水火交姤論、坎北論、離南論、震東論、兑西論、精氣論、魂魄論、五行生克說、金長生說、水土長生說、木長生說、火土長生說、五行旺地說、五行死地說、五行絕地說、五行順生物逆成丹說、進陽火退陰符圖、詠鼎爐四象詩、詠鼎爐四象西江月、進陽退陰大藥圖說、火候訣諸篇。

秋日中天附集，題署「無名氏作，湯若望註」。全書包括真鉛歌、真汞歌、真土歌、詠丹始終、詠鉛汞、詠金精、詠木液、詠鉛汞相交、總結詠諸篇。

續黄白鏡雜詠，即世傳續黄白鏡，「京口夢覺道人李文燭著」。全書包括醒醒歌、水心篇。

漁莊錄，題署「宋隱士漁莊洪星橋氏著，希文范仲淹傳男純仁編，後學東吴逸民石曼卿錄」。前有「同治元年蒲團子按：即公元一八六二年歲次壬戌季春蓉城復初子李保乾」及「大宋元祐七年蒲團子按：即公元一〇九二年春三月堯夫范純仁」序各一篇。全書包括煉鉛築基訣、煉鉛火候訣、金丹直指歌水中金歌、前採金歌原註：舊鈔本又名水中金歌、後採金歌、有炁無質歌、一父二母歌、四象配合歌、真鉛真土合妙歌、五言歌、金丹破迷歌、精氣理論、真假父母論、藥物真假論、用鉛不用鉛論、陰陽得類論、五行虛實論、庶母煉形論、真鉛論、築基、死砂、煉己、結胎、退陰符、進神火、坎離義媾、真土真鉛、戊己二土、見寶濟貧、接砂、接汞、轉制、過關、過渡、汞死成銀、六神伏尸、大丹成、鷓鴣天詞十九首、首尾全吟百字詠、七律等。鈔本封面有陳攖寧先生後補題記云：「此書及黃白直指皆爐火書中之要典，惜黃白直指鈔本已失落。此書尚有木刻版在金火大成中，而直指則無刻版。道書中另有漁莊錄，皆是空談，並且不是爐火，與此不同。」

金火燈，題署「嗜玄癡伯朱永著」。前有「大清同治癸酉蒲團子按：即公元一八七三年孟秋萬春抱元子」及「大清雍正十三年蒲團子按：即公元一七三五年端陽日新安嗜玄癡伯」序文各一篇。書中內容爲「金丹三十三論」，其中三十論被陳攖寧先生以金丹三十論之名刊佈於揚善半月刊。全書包括易簡論、水火論、順逆論、生殺論、形氣論、浮沉論、真假論、聚散論、庚辛論、爐鼎論、老嫩論、橐籥論、攢鉛論、採金論、火候論、黃婆論、雜類論、金精陽氣論、陽火陰符論、聖灰神火論、先後分合論、追魂插骨論、築基煉己論、卯酉沐浴論、汞超砂脫論、過關過渡論、三家相見論、成寶點化論、神丹爐火論、內外同揆論、天人感應論、言理不言訣論、傳賢不傳子論計三十三篇。末有後跋與自記各一篇。

金誥摘錦，不題撰者。全書包括煉鉛採取先天真汞心說、認鉛辨、除邪歸正歌、陽鉛辨雜歌、同類印正、金水印正、金丹印正、金父水母印正諸篇，末有純陽子呂巖氏題一篇。

黄白指南車，題署「烟雲子傳」。前有「西山烟雲子李遇龍」序文一篇。蒲團子按：「雲」字鈔本筆畫不清晰。全書包括七言律詩十二首、黄白指南歌、黄白指南總訣、雜詠七絕十首諸篇。末有後跋一篇。

地元正道，又名地元止道圖釋，題署「三丰張玄玄著」。前有「永樂二年蒲團子按：即公元一四〇四年孟冬月三丰自敘」之地元正道圖序。内容包括無極圖、太極辨、河圖、運水捉金、水火相交、金木交併、七律四首、菩薩蠻五調、嬰兒成象、攪箏琶、鴛鴦煞尾、太極還原諸篇。

三種金蓮，又名三種金蓮圖。據三種金蓮圖序「永樂二年冬十月，予序地元正道圖釋。復予次年四月夏中更作三種金蓮圖」，可知此書亦張三丰所著，作於明永樂三年，即一四〇五年。内容先爲初種、二種、三種，每節下各有圖一幅、七言絕句一首、清江引三調、黄鶯兒三調，後繼之以金蓮圖辨、地元證道歌、金蓮吟、先天、鉛汞、超脱、點化轉制、九轉點化，末爲後跋。

金碧古文龍虎上經，鈔本不題撰者。陳攖寧先生批註云：「此書有一壑居士彭好古註解，無甚發明，故不錄。」

我度法藏，題署「淡仙無味子重錄增删」。前有序兩篇，一篇未抄，一篇爲作者於康熙乙未蒲團子按：即公元一七一五年「又題於粤省禺山草堂」，序中提出「特拈出『虛無真金』四字，可爲煉丹人添眼目」云云。陳攖寧先生認爲：「此書大概與金火直指相同，尚不如直指之明白。」此書分爲上、中、下三卷，並附集一卷。陳攖寧先生記云：「從金火大成本抄出，未抄完全。另有十段，抄在□□□□刻本上。」上卷包括制鉛訣、制銀訣、制砂訣、制汞訣、總論；中卷包括金精陽氣訣、造土制匱築基法、造二土先天祖匱法、養砂誕子法抄在他書上、起脱法抄在他書上、過三關分剛柔法抄在他書上、初子育二子法、二子生三子至六子法抄在他書上、大子返還法、八子砂晥轉制八石法抄在他書上、池鼎法抄在他書上、真母法、總論；下卷包括天晥論抄在他書上、接晥養汞返粉論抄在他書上、金火論、師生問答論抄在他書上、總論抄在他書上；附集包括美金花十絕、煉黄母西江月詞、死砂返晥西江月詞、爐火後跋。陳攖寧先生在此鈔本後，附抄法藏全書提要一部，題署「雲中夢覺子孫龍著」。陳攖寧先生記云：「由他人鈔本轉抄而來。」前有「雍正甲寅蒲團子按：即公元一七三四年秋七月既望六十老人浣心陸子」序一篇，「中華民國三十四年蒲團子按：即公元一九四五年六月一日董忝康」得書記一篇。據浣心陸子序文，知孫龍，名一卿，明萬曆年間人。陳攖寧先生記云：「孫之自序，此鈔本上未見。」法藏全書提要篇目與我度法藏基本一致。

無極經，鈔本不題撰者。陳攖寧先生批云：「此篇與銅符鐵券相同，亦是模仿而作。」前有序文一篇，亦無作者姓氏。內容包括玄律持戒章、圖說、築基先取乾坤爲鼎器、三疊神爐、晥珠神火退陰訣、更有脆體死神火妙訣、煉精化炁金火同宮九池訣原註：即造白金法也、過三關訣、煉氣化神章、移神換鼎煉神還虛口訣諸篇。

除以上十二種外，尚有金藥秘訣、明鏡匣經、金穀歌、火蓮經、還金術、地元真訣、答論神丹、十段錦陳攖寧先生註：此篇即天台咫尺、黃白破愚、黃白鏡十種未鈔錄。

陳攖寧先生另抄有洞天秘典、了易先資，亦略作介紹。

洞天秘典，題署「湘江道人復陽子曹洞青註」。前有「成化戊戌年蒲團子按：即公元一四七八年冬十月上浣日淮陰安陽青畦道人葉士盛」序文一篇。正文內容分爲三卷：上卷七言律詩二十二首；中卷七言絕句三十首；下卷五言律詩十二首。後有補記及陳攖寧先生按語，述此書來源。從陳攖寧先生在此鈔本封面註明的「永爲第一善本」來看，可知陳攖寧先生對此書比較看重。

了易先資，我所見者有三種，一爲民國八年蒲團子按：即公元一九一九年四川成都二仙庵藏板，二爲辛酉年蒲團子按：此版與二仙庵版均有「會稽馬得一、井研賀龍驤校勘」字樣。了易先資成書於一八五八年，此處「辛酉」當指一九二一年，即民國十年會府東街復真堂版，三即陳攖寧先生等鈔本。二仙庵版與復真堂版均題署「李保乾著，抱元子註」，陳攖寧先生等鈔本題署「蓉城復初子李保乾著，萬春抱元子註，門下周汝南、張良遇參訂」。前有兩序，一爲李保乾自序，一爲羅光緒序，二仙庵版與復真堂版序文末均題「唐昌仙舟李保乾自序」、「門生羅光緒謹識」，陳攖寧先生等鈔本題「大清咸豐敦戕歲小陽月唐昌復初子李保乾自叙於蓉城仙館」、「門生羅光緒保先子謹識」。「敦戕」或爲「敦牂」，即十二地支之「午」。咸豐年間，只有咸豐八年爲戊午，即公元一八五八年。又金火大成就正子序云：「荷蒙師恩，授以外丹秘旨，復出鈔本古書二十五種，新著了易先資一册。」就正子序作於同治三年，即一八六四年。由此可以證明，了易先資成於一八五八年。至於著了易先資的原因，李保乾自序云：「敦戕歲，遇舊友三復子蒲團子按：即唐道宗，深明易道性命之旨，因無資助，未能入室下功，乞愚授以黃白之術，而轉以周易真解相酬。愚因歎易道不可無資，爰將所受師訣序成一帙，名曰了易先資。」蒲團子，龍靈，張莉瓊：外丹經匯編第一輯，香港：心一堂出版社，二〇一五：二二〇。既說明了著書因緣，又說明了書名的意義。此書内容包括河洛外丹論、河圖洛書說、爐火大旨、戊土論、己土論、養子論、丹道内外辨、急早回頭歌四闋、閒吟七律二首諸篇。陳攖寧先生在鈔本上也有批註。此書與金火燈及與李保乾相關的華山碑全集、金火靈篇、夢醒錄等書，均已收入拙編外丹經匯編第一輯。

與李保乾有關的其他三種外丹書

在一九一九年鐫刊的二仙庵藏板道藏輯要續中，還有三種與李保乾相關的外丹著作，即華山碑全集、金火靈篇、夢醒錄。

華山碑全集，題署「陳希夷著，李保乾批」。全書包括華山碑文、附陳竹泉傍粧臺一首、附李保乾擬華山碑訣一章諸篇。

金火靈篇，題署「張真人著，玉田子註」。前有序文兩篇，一爲玉田子序，一爲李保乾序。根據玉田子序中「玉田子者，虛無中人也，諱雲中氏，獲異人以金丹內外之訣秘授之」、「僕承天命異人秘授，以坎離爲宗，以火符爲用，編作詩歌，法竅手法悉備」蒲團子，龍靈，張莉瓊：外丹經匯編第一輯，香港：心一堂出版社，二〇一五：一五九，以及李保乾序中「僕得異人張真人傳授，未敢自私，故筆之於書，以公同志」、「僕今將張真人所授秘訣，盡備載於篇中」蒲團子，龍靈，張莉瓊：外丹經匯編第一輯，香港：心一堂出版社，二〇一五：一六一至一六二諸語，玉田子應該爲李保乾之化名。此書包括先天祖炁金丹秘訣、詠真鉛真汞真土西江月、真鉛歌、真汞歌、真土歌、詠黑鉛、詠朱砂、鉛汞配煉大法歌、詠火候七律一首、詠火候五律二首、坎離七律二十四首、手法七絕九首、九轉丹砂口訣丹法、九轉金丹妙訣、丹房要略、附古仙詠真鉛真汞真土七律三首、附玉田别韻七絕二十一首諸篇。

夢醒錄，題署「西湖髯癡道人赤文子著，唐昌仙舟李保乾批」。前有李保乾夢醒錄序摘錦一篇。全書包括夢醒歌、内外分辨論、玄關論、金水引論、太玄坎北歌、太初離南歌、太始震東歌、太素兑西歌、太極中央歌、金丹口訣諸篇。

結語

與明代彭好古道言内外秘訣全書中之道言外及清代傅金銓濟一子證道秘書十七種中外金丹一樣，金火大成也是在收錄傳統經典外丹經的同時，收錄了一些極爲罕見的「秘本」。這些外丹經對研究外丹術的歷史與方法，都有不可磨滅的貢獻。書名爲金火大成也罷，爲金火集要也罷，其内容則更應該引起丹道研究者、愛好者，特别是外丹術研究者、愛好者的關注。

從現有資料來看，金火大成似乎有三次刻板，多個版本。即一八六四年就正子等刊版，一八七四年抱元子張守和刊版，一八八四年李保乾作序版，以及與李保乾作序版相似的陳攖寧先生等節鈔本「同治十三年刊，蜀西精術館藏板」、孟乃昌所見之雷信述齋版與陳國符聽説版。陳攖寧先生等節鈔版、雷信述齋版與陳國符聽説版三種，應該都是根據李保乾作序版而來，只是在印行時有所調整。李保乾作序版之前的兩種版本，印行與否，尚有懷疑。我更傾向於金火大成之印行始於李保乾作序版。與孟乃昌的困惑相同，我也未能看到各種版本的原刊版，無法獲得更多的信息，故對金火大成一書的版本等問題，無法進行更深入的瞭解。

陳攖寧先生等節鈔本金火大成雖然不完整，但由於此部輯著流傳較少，故我計劃將其整理後收入外丹經匯編系列叢書其中金火燈與李保乾著了易先資已收入外丹經匯編第一輯，或可爲外丹術研究者、愛好者提供一份參考資料。

二〇一五年九月二十七日農曆乙未年中秋日蒲團子於存真書齋

黃裳語道

黄元吉，名裳，清代江西豐城人，生平不詳。黄元吉所傳道德經講義、樂育堂語錄二書，係其講道樂育堂時，弟子門人所輯錄。此二書雖理訣並重，然由於聽者頗眾，又屬因機講授，故前後反覆、繁冗，不成系統。雖有妙訣存乎其間，然欲探其真，頗爲不易。

二十世紀三四十年代，陳攖寧先生曾有意將黄元吉著作中的口訣鈎玄提要，著作口訣鈎玄錄。然由於各種因素，最終只完成到口訣不肯輕傳之理由。我隨胡海牙老師學習的時候，也曾問及黄元吉方法一層。海牙老師認爲，陳攖寧先生對黄元吉之推崇，大概緣於黄元吉所述方法較爲平妥，不會出問題。我也曾與海牙老師計劃對陳攖寧先生的口訣鈎玄錄進行續補，使成完璧。二〇〇五年，我遂利用餘暇，再次閱讀黄元吉著作，並按與海牙老師商定的思路，將其中與仙學修煉密切相關的内容做了摘錄。後來，由於某種原因，我與海牙老師的計劃中斷。海牙老師建議我不要受外界因素的干擾，繼續完成我們的計劃，但我那時已經不願意再進行下去。

近年來，一直有朋友跟我交流黄元吉先生的著述，涉及範圍很廣，也談及續補口訣鈎玄錄之事。口訣鈎玄錄的續補，恐怕難以完成了。一是海牙老師已仙逝，二是經過當年那些事後，我自己對續補的熱情已不復存在。本篇所錄，是我當日閱讀黄元吉著作時的部分筆記。當日是隨讀隨錄，不成系統，今將之進行分類，既方便自己閱讀，也或可爲閱讀者提供一些參考。

一、修學須知

凡人欲學一事，必先見明道理，立定脚根，一眼看定，一手拿定，不做到極處不休。如此力量，方能了得一件事。縱不能造其巔，亦不至半途而廢，爲不足輕重之人。凡事有然，又何況性命之學哉！

——樂育堂語錄卷一

蒲團子按　此爲入門之緊要。欲學仙道，明其原理爲最先。明理而後，方能確定目標。待目標確定，則應立定脚根，窮流溯源，方有成就仙道之可能。

自古仙師，多有因時會不良，星辰不偶，深處艱難，無可如何，然後看破紅塵，出而訪道。如呂祖四十而遇鍾離，五十而得聞至道；張祖六十而始抛家訪道，七十而得火龍授訣。以此觀之，只怕不肯一心向道，那怕年紀之已老耶？「凡人不怕不年輕，只怕向道不心誠。」縱至九十、一百歲，果能如法修煉，無論男子、婦人，都有移星轉斗之權、起死回生之妙也。自古學道最年輕者，除文佛、觀音外，不多聞。非少年入道之難也，由少年奉道多有游移兩可、二意三心，更有仗恃時光，怠於從事，不甚迫切，是以學者多而成者少也。惟中年老邁之人，凡塵色相已曾歷試其艱，世上名利都是屢經其苦，非但世界聲華視同嚼蠟，了無意味，且知諸般苦趣皆藏於其中，所以道心生而人心死，人心隱而道心彰，始可了悟前因，深徹命寶。雖曰苦盡甘來，而當其矢志靡他，杳不知有修煉之苦，是以一劫造成，不待另起爐竈焉。這邊重一分，那邊輕一分，切莫似少年人，塵緣未了，凡心未空，且功修未積，孽障難消，是以徒思得道，而不能成丹也。

——樂育堂語錄卷一

蒲團子按 此論學道年齡問題。世間學仙修道之士，年紀輕者每缺乏恒久心，年紀老者又須費一番補益工夫，各有不足。然古語有云：「八十尚可還丹。」又云：「百二十歲猶可還。」可知，年齡不是學仙學道的障礙。真正地學仙學道，一是要有智慧；二是要機緣巧合，得師傳訣；三是要外緣具足，能實地修煉。如此，方有成功之可能。除此之外，徒恃聰明，而無智慧，恐於大道無緣；徒有智慧，無緣遇師得訣，則無從入手；若無外緣之助，即使得訣，只能抱道終身，無法實行，得與不得等。世間徒負聰明者眾，有大智慧者鮮；爲盲師欺蒙者眾，得真師真訣者寡；抱道終身者衆，即身成就者絕少。近代以來，已難聞即身成就者。今之好道學仙之士，宜勤於修慧，廣積福德，誠心求道，或有得真傳而了道之可能。好高騖遠，强不知以爲知，最終空負學仙求道之願。

世人之所好者，道家之所惡；世人之所貪者，道家之所棄。聲色貨利，百般美好，雖有利於人身，究無利於人心。人心一貪，人身即不和焉。是以有道高人，虛其心以養性，實其腹以立命。知先天一氣生則隨來，死則隨去，爲吾身不壞之至寶，一心專注於此，而外來一切皆若浮雲，所以虛靈不昧。

——道德經講義第十二章

學者大道未得時，必賴此身以爲修煉。若區區以衣服飲食、富貴榮華爲養身之要，則凡身既重，而先天真身未有不因之而損者。先天真身既損，而後天凡身亦斷難久存焉。此凡夫之所以愛其身而竟喪其身也。

不以一己之樂爲樂，而以天下之樂爲樂；不以一己之憂爲憂，而以天下之憂爲憂。大修行人，當大道未成之時，身遠塵世，迹遯山林，韜光養晦，樂道安貧，耳不聞人聲，口不談時世，足不履紅塵，豈徒避禍以全身哉？亦欲安身以立命也。

——道德經講義第十三章

蒲團子按 世間常有徒常高調，奢言「大隱於市，小隱於林」者，然每爲世事所羈絆，其所謂之修道事業，也淪於口頭，反不若「小隱於林」者能實地用工。

古聖人居寵不滅性，受辱不亡身，要皆明於保身之道，不以功名富貴養其身，而以仁義道德修其性，所以成萬年不壞之軀。但常人之情，營營於得失，得之若驚，失之若驚，是爲「寵辱若驚」。

世之修士，欲成千萬年之神，爲千萬人之望，造非常之事業，建不朽之功，須一言一行不稍放肆，即貴其身而身存，乃可爲天下所寄命者；一動一靜毫不敢輕，即愛其身而身在，乃可爲天下所托賴者。

——道德經講義第十三章

蒲團子按 道德經云：「吾所以有大患者，爲吾有身。及吾無身，吾有何患？」此數語所論，皆爲保身之道。保身者，假後天凡軀，修先天真身。

心心慎獨，在在存誠。如豫之渡河，必俟冰凝而後渡；若猶之夜行，必待風靜而後行：最小心也。其整齊嚴肅，亦如顯客之遥臨，不敢稍慢。其脱然無累，夷然無可繫，又似冰釋爲水，杳無形迹可尋。其忠厚存心，仁慈待物，渾如太樸完全，雕琢不事，而渾然無間。其休休有容，謙謙自抑，何異深山窮谷虚而無物、大而能容耶？其形如此，其性可知。要皆渾天載於無聲，順帝則而不識，宛若舜居深山，了無異於深山野人者。但渾與濁相肖，聖與凡一理。凡人之濁，真濁也；聖人之濁，渾若濁也，實則至濁而至清。然聖不自聖，所以爲聖；凡不自凡，竟自爲凡。

——道德經講義第十五章

蒲團子按 「心心慎獨，在在存誠」，乃學道之始終工夫。前輩常言，仙道工夫，是大事業。既爲大事業，即不可輕忽遊戲。特别是正式入室用工，更須正心誠意。

大道廢，有仁義。是皇降爲帝，帝降爲王，皆本天德以行王道者也。以後古風愈遠，大道愈偷，王降爲霸，假以行真，心各一心，見各一見，與帝王之一德感孚者遠矣。故禮教猶是，政刑猶是，法制禁令亦猶是，而此心之真僞則杳不相若焉。惟借才華以經世，憑法度以導民，處置得宜，措施合法，使民望而畏之，不敢犯法違條，即是精明之主，太平之世。等而下之，不堪言矣。恃智巧以驅民，逞奸謀而馭眾，以神頭鬼面之心，爲神出鬼没之治。當其悻悻自雄，囂囂自得，未有不以爲智過三王、才高五霸。而斯世之百姓，卒惕惕乎中夜各警。其侮民也實甚。斯民雖不敢言，而此心睽違，終無一息之浹洽，所以不旋踵而禍亂隨之矣。孔子曰：「上好信，則民用情。」倘信不足於己，安能見信於民？此上與下之所以相欺而相詐也。夫制度、文誥、條教、號令之頒，雖聖人亦所不廢。然情僞分焉，感應殊焉。惟帝王以身作則，以信孚民，法立而政行，言出而民信，卒至光被四表，功成事遂。

——道德經講義第十七章

蒲團子按 海牙老師曾邀我及某兄合撰道竅談真一書未完成，將「未學仙道先做人」設爲第一章，强調學習仙學時品德的重要。品德也是歷代祖師傳道時的首要條件。從古及今，未有品德欠缺而得聞真道者。世間依欺詐、誑騙以求真道真訣者不在少數，甚至有用非常手段逼迫他人拿出口訣者。然無論用何種不正當手段求道求訣，最終難得其真。偶或得聞一二門内道語，然由於學者自身之品德，或自以爲是，誤入歧路，或偏執一隅，背離正道。古語云：「道高龍虎伏，德重鬼神欽。」品德在實修中更爲重要。當修煉中出現魔幻時，如無高尚之道德，恐入魔境，以壞功修，甚則傷及身體。故，未學道時先修德，未學仙時先學人。

上等之人抱上等之質，故曰太上。以智巧導民，所謂術也。信與僞相去無幾，克念做聖，罔念作狂。人禽界，生死關，所爭只一間耳。

——道德經講義第十七章

後世聰明絕頂、敏捷超羣之君，出而宰物治世，不知道本無爲，順而導之則易，逆而施之則難。故或喜紛更而擾民，設法興條，究至國家多難，民不聊生；或好功烈而荒政，窮兵黷武，卒至府庫空虛，民不堪命：無怪乎民窮國病，攘竊劫奪之風起，而盜賊公行天下。若是者，皆由至巧之君，不知用巧於無爲之天、自在之地，欲富國而貪利，以至國勢不振，民風不靖如此也。苟能至巧無巧，如其心以出之，順其勢以導之，正其誼不謀其利，明其道不計其功，君子之德風，小人之德草，自然如水之趨下、火之炎上，有不可遏抑者焉。

——道德經講義第十九章

蒲團子按 治身與治國同。治身如不知因勢利導，而徒恃聰明，强設機巧，妄行邪道，以求利益，千舉萬敗，得不償失。今日常見一些求道之人，自作聰明，認房中爲仙術，以採補爲丹法。更有追求坐享其成、一步登天者，崇邪術爲真宗，視道德律法如無存。如此種種，認妄作真，自以爲得計，孰料喪德敗行，更或自戕性命，宜慎之。

夫物之能恒、事之能久者，無非順天而動，率性以行，一聽氣機之自運而已。太上論道之源，以無爲爲宗、自然爲用。倘不從事於此，別誇捷徑，另詡神奇，誤矣。

——道德經講義第二十三章

無爲之體，人所同修；自然之工，人所共用。雖千里萬里之聖，千年萬年之神，時移地易，亦自然若合符節，有同歸於一轍者焉。倘謂自然者不必盡然，則有臆見橫於其中，有異術行乎其內，或著於實而固執死守，或執於空而孤修寂煉。如此等類，不一而足，皆由不信無爲之旨、自然之道，而各執己見以爲是，無惑乎少年學道，晚景無成，志有餘而學不足，終身未得真諦，誤入旁門也。惟有道高人，一順天理之常，雖下手之初不無勉强作爲，及其成功，一歸無爲自然之境，有若不思而得、不勉而中、從容中道者焉。

——道德經講義第二十三章

蒲團子按　悟真篇云：「始於有作人不見，及至無爲眾始知。」無爲爲常，有作爲變；　無爲自然，有作勉强。始時或有作有爲，然根本不離自然無爲。且不合於自然無爲者，易入歧途。學仙每有不能見效，或生其他枝節者，當於「自然無爲」四字思之。

古人火候無爻策，藥物無斤兩，順天而動，率性以行，雖有作爲，亦不爲害也。

——道德經講義第三十一章

明者不自是，自是則不明。彰者不自見，自見則不彰。自伐者往往無功，有功者物莫能掩，何用伐爲？自矜者往往無長，有長者人自敬服，奚用矜爲？倘不知虛而無朕即是大而能容，或加一意、參一見，若食者之過飽、行者之過勞，非徒無益，而又害之。

——道德經講義第二十四章

人成形而後，純是智慮雜妄之神用事，以故火性飛揚，變詐百出，性真梏没，所以易弱而傾。

——道德經講義第二十六章

後世旁門，以有形有質之精爲修煉長生之本，殆不知道之爲物，剛健中正，純粹以精，都從恍惚杳冥、虛無自然而生者。其間火藥之密機，烹調之的旨，非聖師不授，非至誠不幾，非有功有德、虛心訪道、竭誠求師者，未易仙緣輳合。蓋天機秘密，天地至重，鬼神最欽，妄傳匪人，殃遺九祖，猶國家利用之密器不可以輕示人，是君子慎密而不出也。

——道德經講義第三十六章

上士聞道，欣然向往，即勤而行之，略無疑意。中士，出於予口，入於伊心，亦屬平常中，了無奇異，未始不愛之慕之，一蹴而欲幾之。無奈世味濃而道味淡，聖念淺而俗念深，或遷或就，若存若亡，知不免焉。下等之士，習染日深，氣性多戾，一聞吾道，不疑爲妖言惑世，便指爲聚眾斂財。詎知君子之修，造端夫婦，聖人之道，不外陰陽，順則生人，逆則成仙，其事雖殊，其理則一。而貿貿者乃謂神仙爲幻術，豈有如此修持遂能上出重霄乎？否則謂天地至廣，萬物至繁，如此成性存命，即上下與天地同流乎？何以自古仙聖至今無幾也？於是笑其言大而誇、行僞而僻。斯道只可爲知己者道，難與淺見寡聞者言矣。

——道德經講義第四十一章

蒲團子按　老子上士、中士、下士之説，一直爲丹家所引用。然正道真宗用之，旁門左道、邪魔外徑亦用之，雖看似有理，實則每每讓後學一頭霧水，更或認魔徑爲正途，視邪術爲真法。是以黄元吉先生云：「斯道只可爲知己者道，難與淺見寡聞者言。」其實，上士、中士、下士，除天賦外，還須視學者的智慧如何。

稍有所得，便矜高自詡，五藴未空，六根不淨，猶屋蓋草茅，火有所借而然。若只修諸己，不求諸人，渾渾乎一歸於無何有之鄉、廣漠之野，縱有外侮，猶舉火焚空，終當自息。如此修己，真修己也。惟其如此，故人與己兩相安於無事之天，否則於道無得，反招尤也。

——道德經講義第四十一章

蒲團子按　矜高自詡，世俗猶深戒之，仙家更宜戒之。觀當今所謂的修養家中，不乏稍有所得而矜高自詡者，更有得旁門左道、邪魔之術而自矜自詡者。

學者須知，未得丹時，以虛靜之心待之；既得丹後，以柔和之意養之。慎勿多思多慮、自大自强可也。此爲要訣中之要訣。否則滿腔雜妄，如此而煉，是瞎煉也；一片剛强，即得亦喪，如此而修，是盲修也。似此無藥無丹，遽行採煉運轉，不惟空燒空煉，且必傷性傷精，其爲害於身心不小，乃猶不肯自咎，反歸咎於大道非真、金丹難信，斯其人殆不知道之爲道，至虛至柔，惟以虛靜存心，和柔養氣，道乃未有不成也已。

——道德經講義第四十二章

後天之精有形，先天之精無迹。

——道德經講義第四十三章

凡人欲心一起，必求副其願而後快，即令事事如願，奈欲壑難填，貪婪無厭，得隴望蜀，輾轉不休，有天下者遂失天下，而有身命者又豈不喪其身命乎？

——道德經講義第四十六章

學者記誦詞章與百工技藝之務，皆貴尋師訪友，多見多聞，而後才思生焉，智巧出焉，知能愈廣，作爲愈多，始足以援筆成文，運斤成風。

——道德經講義第四十八章

人自有生後，知識開而好惡起，物欲擾而事爲多，因之竭精耗神，促齡喪命。太極之元，無聲無臭，動而生陽，靜而生陰，發爲五行，散爲萬物，極奇盡變，莫可名言，亦無欠缺。所以順而出之，源源不絕； 逆而用之，滴滴歸宗。生者既滅，死者又添，死者既靜，生者又動，此造化相因之道，鬼神至誠之德寓乎其間。自元始以至於今，未有易也。不然，萬物有生而無死，將芸芸者充滿乾坤，天地不惟無安置之處，亦且難蓄生育之機。此消者息之，盈者虛之，正所以存生生之理也。於殺中覓生機，死裏求生氣。善於攝生之人，用陰陽顛倒之法、造化逆施之方，下而上之，往而返之，靜觀自在，動候陽生，急推斗柄，慢守藥爐，返乎太極，復乎至誠，出有入無，亘古歷今，同乎日月，合乎乾坤，以之遺大投艱亦無入不得。即猛如虎兕，亦一化爲同儔，利若甲兵，亦且銷爲烏有，亦何畏兕角之投、虎爪之錯、兵刃之加而計生死存亡於旦耶？

——道德經講義第五十章

學者不探本源而徒矜粉飾，不求真迹而徒務虛名，是猶立竿見影，得其似，不得其真，故謂之盜竽。古來凡有道者，肌膚潤澤、毛髮晶瑩等等效驗，要皆凡人所共有，然未可以爲定論也。又况煉精煉氣，陽光一臨，陰霾難固，猶霜雪見日而化，故神火一煆，陳年老病悉化爲瘡瘍膿血，從大小二便而出。不但初學者有之，即至大丹還時，亦有變化三尸六賊流血流膿、臭不堪聞者。惟有心安意定，於道理上信得過，於經典中參得真，足矣。須知，遏欲存誠，去濁留清，層層皆有陰氣消除、陽氣潛長，學道人不可不知。以外之事，莫說身體光榮、行步爽快不可執以爲憑，即飛空走霧、出鬼没神、霎時千變、俄頃萬里，亦不可信以爲道。蓋奇奇怪怪，異端邪教、劍客游俠之類皆能煉之，未可以爲真。若認外飾爲真，必惑奇途，造成異類，可惜一生精力，竟入左道旁門，欲出世而涉於三途六道，不亦大可痛哉？今之學道者，只求容顏細膩、身體康强，豈知外役心勞，而良田荒蕪，寶倉空曠，先天之精氣爲所傷者多矣。後天雖具，又何益乎？果然三寶團聚，外貌自然有光。彼馳於外而矜言衣食者，何若求之於内而先裕貨財也。内財既足，外財自賅，豈同爲盜者不盜天地靈陽之氣，而徒盜聖人修煉之名也哉？

——道德經講義第五十三章

凡人以生死爲喜憂，仙則視生死如晝夜。一生一死，即如一起一臥，順而行之，不盡安然？有謂長生不死爲仙家樂事者，非也。人以長生爲榮，仙則以順理爲樂。古來志士仁人，多視鼎鑊爲樂地、死亡爲安途者，蓋見得理明，信得命定，其生其死，無非此心爲之運行。生而不安不如速死，猶醒而抱痛不如長眠。只要神存理圓，生何足榮？死何足辱？一聽造化運行，決不偷生於人世。如好生惡死，是庸夫俗子之流，非聖賢順時聽天之學也。有道高人，天欲留之以型方訓俗，我不拒之，亦不求之，但聽之而已，初何容心於其間乎？蓋生死皆道也，盡其道而生，盡其道而死，又何好惡有哉？凡有好惡於中者，神早亂，性早亡，不足以云仙矣。

——道德經講義第五十四章

蒲團子按　仙家修煉，以長生不死爲常，此爲「順時聽天」之學。

赤子呱地一聲脱離母腹，雖別具乾坤，另開造化，然渾渾淪淪，一團天真在抱，無知識，無念慮，靜與化俱，動與天隨。當父母懷抱之時，鞠育顧復，足不能行，手不能作，雖有毒蟲不能螫焉，雖有猛獸不能據焉，雖有攫鷙無從搏焉。以動不知所之，行不知所住，是無虞於毒蟲而毒蟲不得螫之也，無虞於猛獸而猛獸不得據之也，且危居在榻，偃息在床，不爲攫鷙所窺，而攫鷙亦不得搏之也。倘年華已壯，動履自如，雖有遊行之樂，不獲靜室之安，其能免惡物之患者，蓋亦鮮矣。況赤子初生，氣血調和，筋骨柔軟，而手之握者常固，蓋以陰陽不亂，情欲不生，未知牡牝之交歡合而朘作，足見元精溶溶，生機日暢。人能專氣致柔，如嬰兒之初孩，則自有精之可煉。第其時呱呱而泣，聲聲不斷，雖至終日呼號，而咽嗌不嗄，此非隨意而喚、任口而騰也。要皆天機自動，天籟自鳴，無安排，無造作，和之至矣。知得元和內蘊，適爲真常之道，不假一毫人力以矯強之，而守其真常，安其固有。第自強壯而後，天心爲人心所亂，精神之耗散者多。今以太和爲道，大靜乃能大動，至柔方尅至剛，於是以心役氣，務令此氣同於赤子，不以氣動心，致使此心乖乎太和，庶幾和而不流，強哉矯哉。觀之萬物，其始柔脆，其終強壯。柔脆者，生之機；強壯者，死之兆。是以物壯則老，不如物稚則生。生者其道存，老者其道亡。果得同於赤子，無恐無怖，無識無知，一片渾淪，流於象外，所謂和也。夫天道以和育物，人能知之，則健行不息，故曰常。知常則洞達陰陽，同乎造化，故曰明。

——道德經講義第五十五章

蒲團子按　嬰兒無知無識，一片天真。壯年雖有知識，然天真漸遠，難免遭受外界之干擾。故仙家修煉，常宜保持嬰兒無知無識之狀態。

大凡無德之人，當其聞一善言，見一善行，輒欣欣然高談闊論，以動衆人之耳，取容悦於一時，不知革面洗心，返觀內證。若真知大道之人，方其偶有所知，朝夕乾惕之不暇，安有餘力以資口說，徒聳外人之聽聞耶？　即令温故知新，悠然有會意處，亦自有之而自得之。　猶飲食饜飫，既醉且飽，惟有自知其趣味，難爲外人道也。　彼好與人言者，殆有不足於己者焉。　而況德爲己德，修爲己修，知之既真，藏之愈固，竊恐一言輕出，即一息偶離，斯道之失於吾心者多矣。　此知者所以不言也。　若言焉者，其無得於己，實不知乎道。　使果有所知，又孰肯輕洩如斯乎？　不可言者精華，可言者皆糟粕。　知者非不言，實難言也。　言者非不知，蓋徒見其皮膚耳。　有道高人，塞兑閉門，養其氣也；　挫鋭解紛，定其神也；　和光同塵，則隨時俯仰，與俗浮沉，如愚如醉，若訥若癡，衆人昏昏我亦昏昏，不矜奇，不立異，與己無乖，於世無忤也。　苟有一毫粉飾之心、馳騖之意，即不免放言高論，以取快於一堂。　如此者，非爲名，即爲利。　惟閉户潛修，抱元守一，神默默，氣冥冥，沉静無言，恬淡無欲，無爲爲爲，無事爲事，則人不可得而親，亦不可得而疏，不可得而利，亦不可得而害，不可得而貴，亦不可得而賤。　此求諸己，不求諸人，盡其性，復盡其命，故爲天下之所最貴。　有道之人，必不輕言，以世上知道者少，苟好騰口説，不惟内損於己，亦且外侮於人。　易曰：　「機事不密則害成。」古來修士，因輕宣機密以致惹禍招灾者不少，是以君子慎密而不出也。　即使可與言者，亦兢兢業業，其難其慎，試之又試，然後盟天質地，登壇説法，亦不敢過高過遠，剌剌不休，足見古人韜光養晦之功，即見古人重道敬天之意。　彼輕易其言者，皆無得於己，不知道者也。若果知之，自修自證之不遑，又安有餘閒以爲談論地耶？彼放言無忌者，非欲人親之、利之、貴之乎？不知有親即有疏，有利即有害，有貴即有賤，何如緘默不言，清靜自養，使人無從親疏、利害、貴賤之爲得也。

——道德經講義第五十六章

蒲團子按 此論振聾發聵，初學仙道者宜細讀、深思、慎思，以免誤入歧徑。

修道者當以下爲本，以賤爲基，而不自處於高、於貴。庶低下於人，所成自易。惟其處下居後，則一片恬淡之志、謙和之心，所以無傾丹倒鼎、汞走鉛飛之害。

——道德經講義第六十六章

睿智所照，自如明鏡無塵，止水無波，物來畢照，毫無遁情。此神明洞徹，自然而知，因物爲緣，如心而出，非臆度以爲明、懸揣以爲知者。凡人智不能燭理，明不能照物，往往擬議其人之誠僞，逆料乎事之興衰，幸而偶中，人謂其明如鏡，自亦詡其燭如神。此等揣摩之知，非神靈之了照，乃强不知以爲知。雖有所知，其勞心苦慮，病已甚矣。是自作聰明者，自耗神氣者也。夫惟以强知爲病，於是病其所病，而窮理以盡性，修命以俟天，慧而不用，智而若愚，自然心空似水，性朗如冰，一靈烔烔，照徹三千，又何營回之苦、機巧之勞以爲患也哉？ 是以不病。凡人有病而聖人不病焉者，以其能病所不知，病所不明，而於是一心皈命，五體投忱，盡收羅於玄玄一竅之中，久之靈光煥發，燭照無遺，固隨在皆宜，亦無往不利也。以其病病，是以不病。惟以强知之患爲患，是以無患。聖人之得免於患者，常以此患爲患，所以無患。

——道德經講義第七十一章

蒲團子按 此段重在申明「强不知以爲知」之患。仙家口訣，非師莫傳，向例如此。然明師難遇，真訣難聞，故學者多從語言文字入手。有一等人，對典籍所述不明其所以然，又不肯尋師訪道，墮入文字相，即患强知之病。此類人在學仙求道人中頗多。「幸有偶中，人謂其明如鏡，自亦詡其燭如神」者，亦大有人在。若知强知之爲患，方可無患。

持弓審固，內志既正，外體復直，務令前後手臂平正通達，高者抑之，下者舉之，有餘者損之，不足者補之，然後順手而發，隨機自中，不患其或失。人生之初，原是純陰純陽，至平至正，無有勝負參差，故日徵月邁，骨柔體弱而滋長焉。迨有生後，火常居上，水常居下，水火不交，是以陰常有餘，陽常不足，陽水每爲陰火所灼，故人心益多，凡氣愈熾，而天心所以日汩，真氣所以漸亡，生生之機無有存焉者矣。惟天之道，火居上而必照下，水居下而必潤上。

——道德經講義第七十七章

道在内而不在外，修在己而不在人。惟事事内觀，時時返照，過則改之，善則加勉，庶明善誠身，永爲天地之肖子，聖賢之完人，而不至有所缺矣。足見爲善者只問己之修省，不問人之從違。如責人而不自責，觀外而不觀内，雖一時小忿，積而至於大怨。縱能十分解散，而不至於成仇，然内無反躬自責之道、懲忿窒欲之功，雖能解之於外，而不能釋之於隱微，安能清淨無塵、瀟洒自樂，復乎本然至善之天也哉？

——道德經講義第七十九章

修行人最忌者，莫如瞋恚之火。去瞋恚之火，莫如守拙守愚，聰明才智半點不用，不惟不用，且必忘焉，然後真氣始育。古來得道之士，所以多愚樸也。瞋怒之發，最爲真氣之累。未生瞋時，我惟靜定爲宗；既動瞋時，我惟以覺照之，務令隨起隨滅，庶無傷丹之患。由此思之，動爲陽、爲火，靜爲陰、爲水，大凡身心一動，必須慎以察之。總之，動靜之時，在在處處，俱要無煩惱之念。須知，無煩惱，必先除思慮，塞兑垂簾，動亦定，靜亦定。如此，動而神氣一，靜而神氣一，自然日充月盛，學成金仙矣。

——樂育堂語録卷二

學人不知煉己事大，妄行一時半刻之工，希圖得藥成丹，不惟無益，且意馬心猿，妄動妄走，後天火起，必傷丹而焚身，不惟不能却病延年，而反增病促命也。

——樂育堂語録卷二

修真養性，孰不知去欲存誠？無奈身家念切，妻子情長，終日言道言德，說修說煉，而塵心未斷，塵根未除，終不得其道之真諦。要丢得開，割得斷，懸崖撒手，纔算決烈漢子、猛勇丈夫。以之煉丹，不難有成。否則，三心二意，其何有濟？非教抛棄妻棄子，入山林而學道也，只要在欲無欲、居塵出塵，足矣。古云：「煉己於塵俗。」原不可絕人而逃世，須於人世中修之，方能淡得塵情、掃得垢穢。否則，未見性明心，即使深居崖谷，鮮不煉一腔躁氣也。至於玉液已成，再煉金液之丹，不得不尋僻靜之區，鷄犬不聞、人迹不到之處以修之。古云「養氣於山林」是也。蓋以此時之工，全在先天一氣，不得靜地以修之，則元氣不得充滿。故古云「入山採藥」是也。若不能將恩愛一刀割斷，亦當漸漸看破。要想人到死時，一切名利室家，絲毫也拿不去，惟有平生所造之業盡帶身邊。如其善業，還有轉世之福；若是惡業，不待再世投生，即眼前冥王亦必追魂攝魄。從此一想，倒不如趁早修行，萬一道果有成，他日不入輪迴，豈不甚樂？

——樂育堂語錄卷二

二、大道根源

道，無名也。無名即無極。所謂清空一氣，天地人物公共生生之本。以其非有非無，不大不小，無物不包涵遍覆，故曰大道。德者，萬物得天之理以成性，得地之氣以成形，物各得其所得，無稍欠缺者，故曰大德。道即萬物所共之太極也，德又萬物各具之太極也。道之尊，德之貴，自天而授，因物爲緣，不待强爲。天然中道，無事造作，自能合德，莫或使之，莫或命之，而常常如是，無一勉强不歸自然者。是道也，天地大中至正之途，聖人成仙證聖之要也。

——道德經講義第五十一章

道生天地，原是混混沌沌，無可擬議。惟渾其神知，没其見聞，道即在其中矣。

——道德經講義第十章

道之體無形，道之用有象，以有形無，以實形虛，盜其氣於混沌之鄉，斂其神於杳冥之地，以成真一之大道，永爲不死之神仙。實而有者，真陰真陽，同類有情之物是也；虛而無者，先天大道根源，龍虎二八初弦之氣是也。

——道德經講義第十一章

道雖自然無爲，然著於無爲又成頑空之學。須以無爲植其本，有爲端其用，無爲而有爲，有爲仍無爲，斯體立而道行，道全而德備矣。

——道德經講義第三十七章

道本人生固有之良，清空無物，靜定無痕，一當形神俱妙，與道合真，我即道，道即我。若修道，總以虛無爲宗，功至於忘。

——道德經講義第四十五章

夫道者，天下人物共有之理也。以此理修身，即以此理治世。欲立立人，欲達達人，不待轉念，無俟移時，何其易而簡歟？

——道德經講義第六十章

道曰大道，丹曰金丹，究皆無名無象，在天則清空一氣，在人則虛無自然。修煉始終，要不出此而已。人能知沖漠無朕是大道根源、金丹本始，從虛極靜篤中養得渾渾淪淪、無知識、無念慮之真面目，則我之性、情、精、氣、神皆是先天太和一氣中的物事，以之修道則道成，以之煉丹則丹就。惟不知無爲爲本，第以有爲爲功，則知識不斷，紛擾愈多。雖有性有情，皆後天氣質之私、物欲之僞。至於精、氣、神，又烏得不落後天有形有色之雜妄耶？道煉先天無爲，則成不壞金身。道煉後天有識，安有不二元神？縱煉得好，亦不過「守尸鬼」耳。人心一動則有一靜，一陰即有一陽，邪正善惡原是循環相因，往來不息，故有正即有邪，有善即有惡。惟一歸渾忘，不分正邪，有爲之時亦必歸於無爲，方免傾丹倒鼎之患。世上凡夫俗子，開口言丹，即死守丹田，固執河車路徑即在身形之中，其未了悟無爲之旨也久矣。惟聖人知修煉之道雖有火候、藥物、龍虎、男女、鼎爐、琴劍種種名色，猶取魚兔之筌蹄。魚兔未得，當用筌蹄；魚兔入手，即忘筌蹄。若著名著象，皆非道也。

——道德經講義第五十八章

道家始終修煉，惟以虛無爲宗。由虛而實，是謂真實；由無而有，是謂真有。倘不虛不無，非但七情六欲窒塞真靈本體，無以應萬事、化陽神，即觀空了照，有一點强忍意氣持之，亦是以心治心，直將本來面目遮蔽無存。總之，虛無者，道之體；沖和者，道之用。道生一，道，虛而已矣。然至虛之中，一氣萌動，天地生焉。有物混成，先天地生。無極之先混混沌沌，只是一虛。及動化爲陽，靜化爲陰，所謂「一生二」也。其在人身，即微茫之中，一覺而動，乾坤闔闢，氣機往來，靜而凝聚者爲陰爲精，動而流行者爲陽爲氣，若無真意主之，則陰陽散亂，無由生人而成道。可見陰陽二氣之間，甚賴元神真意主持其際，所謂「二生三」也。一陰一陽，一動一靜，氣化流行，主宰如故，而萬物生生不窮，所謂「三生萬物」也。道爲無極，一爲太極，二爲陰陽，天一地二合而成三。陰陽若無沖氣，則中無主而神不寧。可見精、氣、神三者俱足，斯陰陽合太極而不分。

——道德經講義第四十二章

修金丹者，徒服有形之氣，不知煉無形之丹，欲其成仙，不亦南轅北轍耶？

——道德經講義第十一章

蒲團子按 成仙須煉丹，徒服氣則難成。

必先以陰陽爲利器，後以虛無爲本根，而大道得矣。

——道德經講義第十一章

於一無所有之中，尋出一點生機出來以爲丹本。隱微之處，其機甚微，其成則大。

——道德經講義第二十一章

若謂道浩瀚瀰綸，無在不是，取其多而用之，恐理欲雜乘，善惡莫辨。時而守中，時而採藥，時而進火退符，著象執名，多多益善，究屬無本之學，未得止歸，終是一個迷團，無怪乎畢生懷疑莫悟也。

——道德經講義第二十一章

清，一念不起時也；淨，纖塵不染候也。總要此心如明鏡無塵，如止水無波，只一片空洞了靈之神，即清淨矣。惟清中有光，淨中有景，不啻澄潭明月，一片光華，乃得清淨之實。學道人務使心懷浩蕩，無一事一物攪我心頭、據我靈府，久久涵養，一點靈光普照，恍如日月之在天，無微不入焉。

——道德經講義第二十四章

學道人只要神氣常常紐成一團，毫不分散，則鬼神無從追魂攝魄，我命由我不由天也。

——道德經講義第二十五章

學道人能守中抱一，凝息調神，始以汞子求鉛母，繼以鉛母養汞子，終則鉛汞相投，子母混合，復還本來，返歸太樸，「是謂深根固蒂，長生久視之道」。

——道德經講義第五十九章

三、修道規程

魚兔必假筌蹄而得，謂取魚兔不用筌蹄不可，謂筌蹄即是魚兔亦不可。金丹大道，如採陽補陰，前行短、後行長，玉液小還、金液大還，皆是取魚兔之筌蹄，若竟視爲道源，差毫釐而謬千里矣。

——道德經講義第五章

蒲團子按 修道須知道源。種種方法，皆爲尋求道源之手段。倘以手段爲根本，則去道遠矣。

惟元氣，無聲無臭，無象無形，天地人物公共之生氣。學者修煉，必尋得此一件丹頭，方不空燒空煉。否則，煉精、煉氣、煉神、煉虛皆屬無本之學。

——道德經講義第五章

蒲團子按 元氣爲丹頭，知丹頭方可行煉精、煉氣、煉神、煉虛等工夫。若無丹頭，一切修煉皆爲無本之學，欲證大道，猶空中樓閣。

童貞之體，不假作爲，自成道妙。若一喪其本來之天，則不得不借先天陰陽以返補之。至於審取一身内外兩個真消息，憑空以智慧採取之、温養之，此中即不純正，多雜後天，不能不有僞妄。他如採陰補陽，所以和六根之不和，使歸於大定；猛烹急煉，所以靖一身之昏亂，使躋於清明。

——道德經講義第十八章

修道古有兩等修法：有清淨而修者，有陰陽而補者。清淨而修，即煉虚一著，不必煉精、煉氣爲也。然非上等根器，不能語此。若果根蒂不凡，從此一步做去，俱是順天地自然之道。蓋人身之中，原有陰陽坎離、乾坤闔闢、日月水火、升降進退之機，猶天之運行，皆自然而然，無須爲之推遷。但只一正其元神，使之不知不覺、無思無慮，那清空一氣，浩浩蕩蕩，自然一呼一吸，上下往來，如乾坤之闔闢、日月之往來、水火之升降、陰陽之否泰進退如此而已矣。雖有火候，不過清心寡欲，主靜内觀，使真氣運行不息而已。雖有進退升降，不過以真水常升、真火常降而已。縱道沐浴，亦不過懲忿窒欲，滌慮洗心，令太和在抱而已。雖有得藥成丹，亦不過以神爲父，以氣爲母，兩兩扭結一團，融通無間，生出天地生我之初一點真靈，即所謂離宫之真精，又謂人身之真汞。以我神氣，煉此一個真汞，結胎成嬰，日後生出陽神，官骸血脈，五臟六腑，毛髮肌膚，靈明知覺，無一件不與人肖。分之可化爲萬身，合之仍歸於一氣。要皆自神父氣母，兩兩交媾，而煅出這個真汞之精，以爲陽神者也。然此真汞，須有生發之候。蓋心爲五臟之中氣，中氣一升，五臟之氣隨升；中氣一降，五臟之氣隨降。其生也，由於真汞之動；其息也，由於真汞之靜。要之動靜升降皆屬自然之道，惟順其自然之運用可矣。但此步工法，自古神仙少有從此一著下手者。蓋以清靜之道聽其自然，順之不逆，非上等根器不能。且亦見效最遲，不若陰陽兩補爲較易也。

何謂陰陽兩補？必先識得太極開基，先天一陽發生，然後將我這點真陽之氣投入丹田之中，猶父母交媾，精血合作一團，入於胞胎之內。此爲先天真種種在乾家交感宮。日運鉛汞，漸生漸長，他日出胎，方成脱殼神仙。若無此個真種，是空煉也，雖有所得，亦不過保固色身，不能生出法象也。有此一點真陽之氣入於胞胎，然後加以神光下照，久之真陽有動機，不妨將坎中之水引之上升，離宮之火導之下降，直將色身所有陰滓尸氣煉化，只取得一味真氣配我靈陽，合而爲丹，養之爲神，可以飛昇變化。然此亦自然之道也。凡人落在後天，神氣多耗，年華又老，猶走路之人，離家已遠，不得不從遠處回來，所以必要費力也。夫以神氣兩分，不能合而爲一，日間打坐必用一點意思、幾分氣力，將我神氣兩兩入於丹田之中，不許一絲外走，一息出，一息入，我惟順其呼吸之息，自一而十，自十而百、而千、而萬，在所不拘。如此緊閉六門，存神丹扃，作一陣，然後外息暫停，真息始動。我於此又温養一陣，然後真陽之氣蓬勃勃，真如風涌雲騰一般。我急忙開關引之上升，其升也以神不以氣，但須凝神了照尾閭一路之上足矣。到得真氣衝衝，温養片刻，然後下降。總之，真陽初動，必須用點氣力，然後可升可降。蓋以凡身濁氣太重，必十分鼓盪，乃能袪其塵垢，而後有清清白白之神氣，爲我煉成丹本。

——道德經講義第八十章

蒲團子按 談清淨法較爲簡潔、的當。

黍珠一粒，陽神三寸，自在玄宫，周通法界。其物雖小，其用則大。

——道德經講義第三十二章

道究有何名哉？或曰真鉛，或曰金丹。古人制此名，皆爲後之修士計耳。修士既知其名，即當求其實。彼自陰陽交媾，一點落於黄庭，就當止其所而不遷，安其居而不動，斯大道乃常存也。既知所止，中有主而不易，又奚至生滅而遭危殆之辱耶？

——道德經講義第三十二章

凝神於虛，合氣於漠，虛無之際，淡漠之中，一元真氣出焉，此即是道之生也。道既生，於是致養於靜，取材於動，一真在抱，萬象咸空，常操常存，勿忘勿助，則蓄德有基矣。然順其道而生之，則道必日長；因其德而蓄之，則德必日育。

——道德經講義第五十一章

欲修性命，先明鉛汞。古云：「汞是我家固有之物，鉛乃他家不死之方。」若但言心性，無從捉摸，古仙真借名爲汞。此個汞非他，乃心中之靈液。從涕、唾、津、精、氣、血、液後天所生陰滓物中，加以神火下照，久久化爲至靈之液。此個靈液，元性所寄。蓋以本性原來真常清淨，不染纖塵，與太空等，非從後天色身所有之精，用起文武火，加以神光了照，則靈液不化，靈性無依。故煉丹之士，必先煉精化氣。既得精生汞化，由是靈液下降坎宮，真陽亦復上升，交會於黃庭土釜，我以神氣凝注於此，久之真鉛從此蓬勃氤氳而有象，此即所謂「得藥」也。然靈液即真水，真水即汞也；真陽即真氣，真氣即鉛也。汞爲精，鉛爲氣，二者皆後天有形有象之鉛汞，只可順而生男育女，不可爲長生大藥。必從此汞之下降，鉛之上升，會合中宮，凝神調息，片刻間兀兀騰騰，如霧如烟，如潮如海，纔算是真鉛，可爲煉丹之本，所謂「坎離交而得藥」是也。於是運起陽火陰符，逆從尾閭直上泥丸。泥丸久積陰精與我這點真鉛之氣配合爲一，即所謂「乾坤交而結丹」是也。陽氣上升泥丸，覺得頭目爽利，平日之昏暈猶如風吹雲散而天朗氣清，另有一番氣象，纔算是真汞。以前之汞還是凡汞，不可以養成仙胎。鉛汞會於泥丸，斯時之凡精凡氣合同而化，不見有鉛，並不見有汞，只是一清涼恬淡之味，化爲甘露神水，香甜可口，不似平日粗精濁氣，即古人謂「醍醐灌頂」。從上腭落下，吞而服之，送入黃庭温養，即封固矣。此個真精一生，渾身酥軟如綿，欲睡不睡，欲醒不醒，而平日動盪之身心至此渾然湛然，不動不搖，自安所止而得所止，又何殆之有哉？此境非大靜大定不能。若夫採取之法，即一意凝注，毫不分散，古人謂之「不採之採勝於採」。所謂交媾者，即神入氣中，氣包神外，兩兩不分。

——道德經講義第三十二章

若欲立命，必先煉己。煉己有兩端。一曰物欲。物欲不除，天真難現，非先勝人欲，常操常存，則有定守未必有定力也。一曰氣質。氣質不化，身何由固？所以剥膚存液，剥液存神，剥神還虚，層層剥盡，方能與道合真。

——道德經講義第三十三章

性見心明，洞徹本原，神强氣壯，煅盡陰滓，始能了性而立命。性命不分二途，復還於混沌未開之天，而陰神盡滅，陽神完成。其間煉精化氣，煉氣化神，尚有止火養丹。夫煉精化氣爲入胎之始，煉氣化神爲成胎之終。不知止火，則氣不入於胎，精雖煉而爲氣，猶可因氣之動而復化爲精；不知止火，則神不凝於虚空，氣雖煉而成神，猶可因神之動而復化爲氣。至若神歸大定，氣亦因之大定，百年之久，渾同一日，一念游移，即同走丹。如此任重道遠，非强行有志者，不能常止其所、歷久而不敝也。

——道德經講義第三十三章

起火有時，止火有候。若當火足之時不行止火之工，精必隨氣之動而動，故知止養丹，如貧者之積財而富，常覺有餘。既知止火，尤要進火以養丹，退火以温丹。非有志修士，斷不能綿綿密密、不貳不息如此也。自此温養之後，但安神息，一任天然，無一時一刻之失所。至若凡身脱化，真靈飛昇，亦猶凡人之死。但凡人之死，死則神散，而聖人之死，死猶神完，形雖死而神如生，烏得不與天地同壽耶？

——道德經講義第三十三章

欲求長生，先須伏氣。然伏氣有二義：一是伏藏此氣，歸於中宮，如如不動；一是管攝嚴密，降伏後天凡息，不許内外呼吸出入動摇吾固有之神氣。久久降伏，自能洗心退藏於密。長生即在此伏氣中，除此別無他道。

——道德經講義第三十八章

欲得一陽來復，必先萬緣俱寂，純是和平之氣，絕無躁切之心，損之又損，以至於無，則羣陰凝閉之中，始有真陽發生。至於一切事宜，無非幻景，不足介意。

——道德經講義第四十二章

貪幻景者，多被魔纏；好搬運者，難免凶咎。藥未歸爐，宜進火以運之；藥既入鼎，宜止火以養之。火足不知止火，非但傾丹倒鼎，致惹病殃，亦且喪命焚身，大遭危殆。或貪美酒美味、艷色艷身、金玉珠璣、樓臺宮殿，又或天魔地魔、鬼魔神魔種種前來試道，或充爲神仙，誇作真人，自謂實登靈霄寶殿，因此一念外馳，以致精神喪敗、大道無成者不少。又或識神作祟，三尸爲殃，自以爲身外有身，而金丹至寶遂戕於傾刻者，亦多。若此等等，總由火足不止火，丹回不養丹，所以志紛而神散，外擾而中亡。修煉之士，幻名幻象，幻景幻形，須一筆勾銷，毫不介意，如此知止知足，常養靈丹，則止於至善，永無傾頹焉。

——道德經講義第四十四章

以真意採真氣，兩者渾化爲一，即返於太極之初，斯謂之丹。故無爲之中又要有作有爲，無知之内又要有知有覺，方不墮空、不著有。

——道德經講義第四十七章

修道之人，若見日益，不見日損，則心昏而道不凝矣。惟隨煉隨忘，隨忘隨煉，始不爲道障。若記憶不置，刺刺不休，實爲道之憂也。故必漸消漸滅，至於一無所有，斯性盡矣。然後由無而生有，實爲真有，所以能出没鬼神，變化莫測焉。人能清淨無爲，純是先天一氣，道何難成？若搬運有爲，全是後天用事，便墮旁門。或曰：採藥煉丹、進火退符，安得無爲？須知因其升而升之，非先有心於升也；隨其降而降之，非先有心於降也。即至採取不窮，烹煉多端，亦是純任自然，並無半點造作，雖有爲也，而仍屬無爲矣。彼徒咽津服者，烏足以得丹而成道哉？

——道德經講義第四十八章

金丹一物，只是先天一元真氣，古人喻爲真鉛，爲金花，爲白雪，爲白虎初弦之氣。種種喻名，總不外乾坤交媾之後，乾失一陽而落於坤宮，坤得此乾陽真金之性遂實而成坎。故丹曰金者，蓋自乾宮落下來的，在人身中謂之陽精，此精雖在水府，却是先天元氣，可爲煉丹之母。修士煉藥臨爐，必從水府逼出陽鉛以爲丹母。此個陽精，不在內，不在外，不入六根門頭，不在六塵隊裏，隱在形山，視而不見，聽而不聞，却又生生不息，是人身之真種子、大根本也。一己陰精，不得先天陽鉛以爲之母，則陰精易散，無由凝結爲丹。是以古仙知己之陰精難擒易失，不能爲長生至寶，乃以真陰真陽二八初弦之氣、同類有情之物烹煉鼎爐，然後先天真一之氣、至陰之精，從虛極靜篤、恍惚杳冥時發生出來，此丹母也，亦母氣也。用陽火以迫之飛騰而上至泥丸，與久積陰精混合融化，降於上腭，化爲甘露，此陰精也，亦號子氣。由是下降重樓，傾在神房，餌而吞之，以温温神火調養此先天真一之氣與至陰之精。始也母戀子而來，繼也子戀母而住，終則子母和偕而相育，陰陽反覆以同歸，雖沒身不殆也。從此恪守規中，一靈內蘊，務令內想不出，外想不入，緘口不言，六門緊閉，綿綿密密，不貳不息，勿助勿忘，有作無作，若勤不勤。如此終身，金仙證矣。否則有濟於外圖，先已喪其內寶，所謂「口開神氣散，意亂火功寒」。重於外者輕於內，命寶已失，命根何存？故終身不救也。人能塞兌閉門，寶精裕氣，母氣子氣合化爲丹。

——道德經講義第五十二章

真陽一氣，原從受氣生身之初而來。人之生，生於氣。試思未生以前，難道無有此氣？既死而後，未必遂滅此氣。所謂先天一氣，懸於太空之中，有物則氣在物，無物則氣還太空。天地間舉凡一切有象者，皆有生滅可言，惟此氣則不生不滅，不垢不淨，不增不減，空而不空，不空而空，至神而至妙者也，故爲天下萬物生生不息之始氣。夫神仙亦無他妙，無非以此陽氣留戀陰精，久久烹煉，則陰精化爲陽氣，陽氣復還陽神，所謂「此身不是凡人身，乃是大羅天上仙」。倘若獨修一物，焉得此形神俱妙、與道合真而極奇極變、至聖至靈者哉？故火候到時，金丹發象，自然口忘言、舌忘味、鼻忘臭，視而不見，聽而不聞，所謂丹田有寶，自然對境忘情。此輕外者重內，守內者忘外，一定理也。然在未得丹前，又當塞兑閉門，爲積精累氣之功。以神入氣，以氣存神，忽然一粒黍珠，光通法界，此即金丹焕發，大丹將成之候矣。始也，以神降而候氣，繼則氣生，復用神迫之使上，驅之令歸，即長生之丹得，是在人常常操守、源源不息可也。

——道德經講義第五十二章

聖人以真陰真陽二氣合爲一氣，三家融成一家，煅出黍米一珠，號曰金丹、曰真鉛、曰白虎首經，要無非先天一氣而已。從色身中千燒萬煉，千磨萬洗，漸採漸凝，時烹時煉，而金丹乃成，英英有象，是即「深根固蒂，長生久視之道」。夫以天地靈陽，合一己真氣，結成聖胎，即古仙云「先天一陽初動，運一點己汞以迎之，於是内觸外激而有象，外觸内感而有靈，如磁吸鐵，自然吻合」，即汞子造水府而求鉛母。既得其母，復依其子，子母和諧，團結中宫，而大丹成，神仙證矣。然未到其時不能知，非得真師指授，亦無由明。此須天緣、地緣、人緣三緣輳合，始可入室行工。後之學者，第一以積誠修德，虚己求師，庶可結三緣而入室。切勿一得自喜，即無向上之志。務要矢志投誠，一力前進，迤邐做去可也。惟下手之初，無縫可入，無隙可乘，不啻咀嚼蠟丸，淡泊無味。朱子云：「爲學須猛奮體認，耐煩辛苦做一晌，久之苦盡甘回，悶極我生，道進而心有得矣。」當此理欲雜乘，天人交戰，最難措手。其進其退，就在此關。此關若攻得破，孔子所謂「宗廟之美，百官之富」，賞玩之不置矣。切不可萎靡不振，自家精神放弱，則終身不得其門而入焉。尤要虛其心，大其志，鼓其神，立德立功，修性煉命。須知是天地間第一大事，非有大力量不能成。世間一材一藝，小小科名之取，猶要辛苦耐煩，做幾件大功德，用滿腹真精神，何況道也者，天大一件事乎？

——道德經講義第五十九章

蒲團子按　此段可分五個方面來看。一是真陰真陽和合，結就金丹，迎歸中宮，團結煅煉，方可成大丹而證神仙。二是欲修此道，須天緣、地緣、人緣三緣輳合，方可入室行功。三是欲結三緣，須求真師方可。四是欲成此道，須矢志投誠，一力前進。五是世道尚須耐得煩瑣、用滿腹真精神，此道乃世間第一等大事，更要喫得辛苦、耐得麻煩，方有成就之可能。其中「積誠修德，虛己求師」又爲「第一」。

夫人之生也，神與氣合；其死也，神與氣離。人能性命混合，神氣融和，即抱元守一，我命由我不由天矣。由是神神相依，氣氣相守，一脈流傳，一真貫注，自能千變萬化，沒鬼出神，有百千億萬之化身，享百千億萬之大年。要不過以元氣爲藥物、以元神爲火候而已。夫元氣者，無氣也； 元神者，不神也。以神煉氣而成道，如以火煉藥而成丹。凡丹有成有壞，神丹則無終無始。

——道德經講義第五十四章

採藥煉丹，須取天一新嫩之水。此水即人生生之本，猶如一輪紅日夜半子初清清朗朗照耀於滄海之中，又如一彎秋月發生於庚震之方，正是修士玄關竅開，恍惚杳冥，方有此境。蓋以初氣致柔，猶萬物甲拆抽芽，於此培之養之，方能日增月長，至於復命歸根，以成碩果之用。若桑榆晚景，則物既老而將衰，不堪採以爲藥。但老非年邁之謂也，是言藥老不可以成丹。若以年而論，即老至八九十歲，俱可修煉以成長生不老之仙。一息尚存，此個太和之氣具足於身，無稍欠缺。非至人抉破水中之天、一身內外兩個消息，則當面錯過者多矣。學者欲修金丹大道，非虛心訪道，積德回天，則真師無由感格，白虎首經莫覓，一任青年入道，必至皓首無成。更有誤認邪師，錯走歧路，一生之精力竟流落於禽獸之域者不少。學者慎之！

——道德經講義第五十五章

臨爐進火，大有危險，太上喻爲用兵。務須因時而進，相機而行，採取有時，烹煉有地，野戰有候，守城有方，不得不待時乘勢，出之以奇計也。他如藥足止火，丹熟温爐，超陽神於虛境，養仙胎於不壞，又當靜養神室，毫無一事於心，而後丹可就，仙可成。

——道德經講義第五十七章

合藥之道，貴以柔順爲主，至柔至和，則元精溶溶，可以化氣而生神。且元精在內，靜攝腎氣於其中，迨神火一煆，精化爲氣，於是行逆修之術，運顛倒之工，升而上之，餌而服之，送歸土釜，以鉛制汞，即以牡制牝。此河車以後之事。

——道德經講義第六十一章

吾道煉丹，必須以元神爲主，元氣爲助神之用，以真呼吸爲煉丹之資。若無元神，則無丹本；若無元氣，則無丹助。是猶胎有嬰兒，不得父精母血之交媾，亦是虛而無著。既得元神、元氣，不得真正胎息，則神氣不能團結一處、合併爲一，以返於太素之初。夫人修煉，既得元神、元氣，又有真息運用，使之攢五簇四，合三歸一。然非真意爲之主帥，必然紛紛馳逐，斷無有自家會合而成丹也。必從虛極靜篤、無知無覺時，忽焉氣機偶觸而動，始有知覺之性，此即真意之意，非等凡心凡性也。古云：「仙非他，只此一元真性修之而成者。」然不得水中之金、精中之氣以爲資助，則元性亦虛懸無着，不免流於頑空。既知金生，不得真意調攝，又安能採取烹煉而成丹？然則真息爲煉丹之要具，而真意尤爲真息之主宰。學道人未得神氣合一，安能靜定？苟得神氣歸命，必要醞釀深厚，而後金丹始得成就。切不可起大明覺心，直使金木間隔、坎離不交也。

——道德經講義第六十二章

夫人受氣之初，從父母媾精時結成一點黍珠，此時氤氤氳氳，只有一團太和之氣，並無一點知識。然而至神至妙，極奇盡變，作出天下無窮事業出來，都由此一點含靈之氣、之神。從無知無識而有知有識，從無作無爲而有作有爲，莫非由此而始。此時天人一理，物我同源，體用兼賅，顯微無間，故曰元神。此是天所賦畀的。到得血肉之軀既成，十月胎圓，「呱」地一聲，嬰兒落生，此時識神始具。夫元神者，先天之元氣，天地人物一樣，都藏於太虛之中，一到人身，則隱伏於人身虛無窟子之內。此是天所賦者。修行人欲成大道，惟有一無所知，一無所有，掃却一切塵氛，而個中消息自現，靈妙自生。至若識神，乃人身精靈之鬼，歷劫輪迴種子，必要五官具備，百骸育成，將降生落地時，然後精靈之魂魄方有依附。古人謂「後天識神因有形魄而生」者，此也。此元神、識神之大分別處也。但有生之後，元、識兩神交合一處，有時元神用事，識神退聽，則後天之意氣雖動，要皆由仁義禮智而發爲喜怒哀樂，識神亦化爲元神者，此也；有時識神用事，元神隱没不見，雖仁義禮智之見端亦皆變爲私恩私愛私憎私嫌，元神亦化爲識神者，此也。總之，爲口耳一身起見者，皆是識神。一到識神用事，焉有光明正大可以對天地、質鬼神的事業出來？惟混混沌沌中，忽焉一感而動，此時天理純全，毫不挾後天識見，如能穩立脚根，端然行去，即純乎天理，而無一毫人欲之私。人當於無知無覺時尋玄關一竅，良以此時與天地一體，與虛空一致，能從此處把握行將去，則天地之生生不難自我而爲生生，虛空之變化不難自我而神變化。此時一覺，誠爲天地人之根源。要之，無思無慮而出者，元神也；有作爲見解、自色身而出者，識神也。無神無形，識神有迹，一自虛無中來，一從色身中出，二者大不相侔。既明得元神生於虛無，識神生於色身，我於是正本清源，務令内外三寶閉塞，不許一知一見從有形有象、有思有慮而出。如此操持，如此涵養，久久尸魄之靈皆化爲清淨元神，八萬四千毫毛亦轉爲護法靈神，所謂「化識爲元，轉陰成陽」者，此也。此在人實力於虛無一邊，不要爲色身起見著想得矣。

——道德經講義第七十二章

丹道言鉛言汞，不外陰陽兩端。以汞配鉛，即如以女配男，交媾之後，化生元氣出來，又將元氣合陰氣入中宮，然後成丹。

——道德經講義第六十三章

順行常道以神爲主，而精隨之以行，故神一馳，精即洩。精之消耗，由神之飛揚。心爲身主，天君泰然，百體從令。天君不寧，則一身精氣耗矣，豈但下田傾倒已哉？是以神仙有返還之術，以氣爲主，而神聽其號令，庶氣足神完。此以上奉下，以上之有餘補下之不足者，即「以一人事天下，不以天下事一人」之意。丹道雖曰有爲，亦要從無爲而有爲，有爲仍還無爲，方是先天之神氣，可以入聖超凡。若一概有爲，則神不靜而氣亦弱，勢必不煉而氣不聚，愈煉而氣愈紛。惟因其勢而利導之，順其時而措施之，修身、治民皆作如是觀。若恐財貨不足，身命難存，於是竭精疲神，希圖養後天之命，日夜焦勞，寤寐輾轉，神氣之消滅者多矣。又況惟天有命，非人所求，恐求生者不惟無以幸生，且促其生於死地。惟不貴後天有限之生，而隱以持先天無窮之命，庶性全而命固，身形亦足貴矣。

——道德經講義第七十五章

人禀陽和之氣則生，陰寒之氣則死。一當陽和氣聚，則四體柔順，一身酥綿，而生機不息矣；一當陰寒氣結，則肌膚燥熯，皮毛槁脱，而死氣將臨矣。試觀釜甑之間，蒸蒸浮浮，則陽氣氤氲，物融而化。到寒凍時候，物冷而堅。又觀天地春夏之交，陽氣熾而萬物暢茂，無不發榮滋長。迨至秋冬之會，陰氣盛而萬物飄零，無不枯槁難榮。是知人之生也，逢陽氣之温和則柔；人之死也，遇陰寒之凝固則剛：其生也柔脆，其死也枯槁。人物一源，無分彼此。是知天下萬事萬物，無不以堅强爲死之徒、柔弱爲生之徒也。蓋以强者衰之漸，弱者興之幾，宜其不勝矣。夫强大者，生氣盡而死氣臨，誠物之至下者也；柔弱者，陰氣消而陽氣盛，乃物之至上者也。

——道德經講義第七十六章

蒲團子按 柔弱勝剛强。仙家工夫，當以柔弱爲主，不到必要時候，不用剛强手段。柔弱爲體，剛强爲用。體爲之常，用爲之變。知此，做工夫時方能自在無礙。

修煉之道，莫要於水火。須要水清火白，方爲先天水火。

火何在？心中之性，性即火也。然性有二：有氣性，有真性。氣性不除，則真性不見，仍不免事物之應酬，一時煩惱心起，化爲凡火，熱灼一身，而真性爲之消滅焉。故煉丹者，第一在凝神。凝神無他，只是除却凡火，純是一團無思無慮、安然自在之火，方可化凡氣而爲真氣也。打坐務將凡火任其消停下去，然後慢慢凝神。如此神爲真神，火爲真火，然後神有方所。此氣穴一處所以爲歸根復命之竅也。其間一開一合，順其自然，我之神只有主宰之而已，絕不隨其長短消息，此即凝神之法也。凝神於此，息自然調，日變月化，仙胎成就，猶赤子初得父精母血，有此一團胎息，不疾不徐，不寒不熱，而十月出胎成人矣。

水何在？腎中之情，情即水也。然有妄情，有真情。二者不明，丹必不就。苟妄情不除，則水經濫行，勢必流盪而爲淫欲。學者欲制妄情，離不得元神。返觀内照，時時檢點，自然淫心邪念一絲不起，始是真情。倘有動時，即爲真氣之累，我於此攝念歸真，採取而上升下降，收回中宫土釜，煅煉一番，則大藥易得，大丹必成。

此水火二者，爲人生身之本，成仙作聖之根，切勿混淆而用，不分清濁也。

——樂育堂語錄卷一

安爐立鼎以煅煉真藥，未能凡息停而胎息見之時，則空安爐鼎，枉用火符，終不能成丹。即說有丹，亦幻丹耳，不但無以通靈，以之却病延年，亦有不能者。

——樂育堂語錄卷一

離宮修定，不向水府求玄，則離宮陰神猶是無而不有、虛而不實，縱靜中尋靜，深入杳冥之境，只得一個恍惚陰神樣子，終不能聚則成形、散則成氣、欲有則有、欲無則無、實實在在有個真迹也。故曰：「修性不修命，萬劫陰靈難入聖。」只知煉命者，但固守下田，保養元精，前此未聞盡性之工，後此但求伏氣之術，惟煉離宮陰精使之化氣，復守腎間動氣使之不漏，不知移爐換鼎，向上做煉氣化神工夫。雖胎田氣滿，可爲長生不老人仙，然氣未歸神，神未伏氣，有時念慮一起，神行氣動，仍不免動淫生欲。故曰：「修命不修性，猶如鑒容無寶鏡。」

——樂育堂語錄卷一

蒲團子按　「氣未歸神，神未伏氣，有時念慮一起，神行氣動，仍不免動淫生欲」，此種情形，在修煉中常能遇到。欲避免此種情形，自須性命雙修，神氣合一。「性命雙修」、「神氣合一」，丹書中每每言之。後世雖有方法種種，然修士欲達此境界，亦頗不易。這種情形，若用單一方法解決，每難達目的。靜坐守一、神氣相抱等方法，雖也可達神氣合一、免生淫欲之境地，但如果保守不得法，則依然會有「神行氣動」之患。最好是通法與權法相結合，久久行去，漸漸形成一種習慣，方有最終解決的可能。

抽鉛添汞，以汞養鉛，待鉛氣盡乾，汞性圓明，外息盡絕，内息俱無，只有一點神光了照當空，是即氣化神矣。學人初入定時，未至大定，猶爲少陽，未煉到老陽之候，尤必惺惺不昧，寂寂無聞，不著有相，不著無相，庶元神纔得超脱。

——樂育堂語錄卷一

所謂「本來人」，是即人受氣成形之初一點靈陽之氣。人欲修成法身，豈外此靈陽之氣乎？古云：「藥出西南是坤位，欲尋坤位豈離人。分明説破君須記，只恐相逢認不真。」此「人」，非如外道以童男童女爲侶伴也，乃是無極之極，太極一動，而有此一點靈陽正氣，爲人受氣成形之本。若得此個本來人，大道自然有成。然非易得也。必須於假中尋真，然後此人始能現象。夫人有身後，日夜水火交會，以生血肉之軀，全賴此心中之火、腎中之水以爲之既濟。修行人知生死之關，明真假之故，欲窮生身受氣之初那一點虛無元陽，必先向色身中調和坎離水火。迨後天水火既調，然後坎中一陽自下而上，離中一陰自上而下，上下相會於虛危穴中，烹之煉之，而先天一氣來歸，玄牝之門兆象矣。此坎中一陽、離中一陰，即內財也。日夜神火温養，不許一絲滲漏，即積內財也。能向自家身心尋出一個妙竅，即內法也。本來人，即內伴侶也。虛危一穴，即內地也。欲煉神丹，四者豈可不備乎？有此坎離，真陰真陽，一鼓而出，及至水剛火柔，鼎虛藥實，自然天地一點真陽之氣，不自內、不自外生出來，此即所謂真鉛也，又即所謂先天乾金也。夫以凡鉛而言，則坎中一陽、離中一陰，皆真鉛。以先天真鉛而論，則坎中一陽、離中一陰，皆屬後有氣有質之物。從此想來，此個真鉛真陽，不自坎生，不自離有，原從不內不外虛無窟裏，由坎離水火二物煅煉而來者也。今道破，以免學人誤認坎中陽氣爲吾人煉丹之本，庶乎其不差矣。

——樂育堂語錄卷二

蒲團子按　此段論述，先闢旁門，繼論內法、內財、內侶、內地，終指真鉛。細細研究，大有機關。其中「學人誤認坎中陽氣爲吾人煉丹之本」，真可謂一語「道破」。

至人明得金丹大道係清靈之氣結成，而清靈之氣又不自來歸，必假我身中真陰真陽，然後可以招攝得來。古人所謂「二八同類之物」是也。尤要知，此個元氣，本無朕兆可尋，亦無方所可測，於何求之、見之耶？惟即我身真陰真陽發生時節，即是元氣來入我身，以擒制我身中之靈汞陰精，自然凝結爲丹。

——樂育堂語錄卷二

修煉要訣，以虛爲君，以陰陽爲臣，以意爲使。識此三者而次第修之，神仙之道，盡於此矣。然虛有幾等：不是空空之虛，乃實實在在之虛；不是死死之虛，乃活活潑潑之虛；亦不是有形有色、有方有所之虛，乃浩浩蕩蕩、渾渾淪淪、無量無邊之虛。人能知此真虛，向身心上求之，庶得煉丹主腦矣。

陰陽亦有真，乃人身中清空一氣，由一氣而散爲陰陽者也。陰陽無端，動靜無始，不可以方所拘者也。惟平其凡氣，納彼無聲無臭之氣，斯爲真陰真陽，可以言藥矣。

學道人第一要明真虛，第二要知真陰真陽。蓋不得真虛則不靈，不得真陰真陽則不能變化無窮、生育不測。然真虛得矣，真陰真陽得矣，若使無意以爲之運用，則陰陽不能返而爲太虛，太虛亦不能散而爲陰陽，又將何以放之彌六合、卷之退藏於密哉？此煉丹之學，所以以意爲主也。

意有先天之意，有後天之意。必從後天有意之意下手，然後尋先天無意之意，庶戊己合而爲刀圭焉。後天有意之意，即己土也；先天之真意，戊土是也。須知，真意之意，猶是後天之意同，不過意之前無意，意之後無意，從此一知，一知之後復不見，從此一覺，一覺之前無有焉。此爲真意之意。如人呼而響入谷底，風鳴而應在井中，忽焉而感，感無不通。又如人呼子之名，不覺順口而答，不思議，不想象：此即真意爲之也。此即真意之前後際斷也。真意從何而得哉？必將心地打掃乾乾淨淨，然後隨感而通，觸物而動，乃是先天之真，不與後天思慮紛紜雜沓者同。所謂有真心斯有真意，有真意然後陰陽得其真、太極得其理，庶幾剛健中正，煉成純粹以精之品。

學道之要，惟以真意爲主，所謂以真土擒真鉛，以真鉛制真汞，三家合一，兩姓交歡，斯道在是矣。然用意之法有二：一爲動時之意，一爲靜中之意。丹書所謂外黃婆者，通兩家之和好，故無位而動，此動中之用意也；内黃婆者，傳一時之音信，故有位而靜，此靜中之用意也。修行人時而陽生也，則動以採之；時而陰降也，則靜以煉之。

——《樂育堂語錄》卷二

四、治身原理

治身之道，以精定爲民安，以氣足爲國富。煉己則精定，直養則氣足，極之則浩然剛大、充塞兩間，亦若視爲固有之物、平常之端。

——道德經講義第十章

保精要順自然，裕氣須隨自在，此不保之保勝於保，不裕之裕勝於裕。

——道德經講義第十章

丹即吾丹田中氤氳元氣是也。此元氣與我本來不二元神會合一處，即是返還太極無極父母未生前一點天命。人能以性立命，以命了性，即可長生不死。既得元性、元命矣，若無真正胎息，猶人世男女不得媒妁往來交通，亦不能結爲夫婦。

真意者，煉丹交合之神；真息者，煉丹交合之具。要皆以神氣二者合之爲一而已矣。

真意者，煉丹之要。惟於玄關竅開之初，認取這點真意，於是返而持之，學顏子拳拳服膺，斯得之矣。

——道德經講義第三十八章

聖人從混沌中一覺而修成大丹，以此治身。

——道德經講義第四十一章

善攝牛者，入室靜修，觀我一陽來復，攝之而上升，攝之而下降，攝之而歸爐温養，丹成九轉，火候十分，所謂「道高龍虎伏，德重鬼神欽」者是，有何虎兕兵刃之害？古人深山僻處，虎兕爲羣，豺狼爲伍，甘心馴伏，自樂馳驅者不少。又有單騎突出，羣酋傾心，棄甲抛槍，敬如神明，愛若父母者。他如孝心感格，賊寇輸誠，節烈森嚴，奸回惻念，皆由至誠之德有以動之也。

——道德經講義第五十章

人惟慎獨功深，則天人辨白，理欲分明。若於不睹不聞之地，平日無操存涵養之功，而於欲動情勝時，思拔除惡孽、頓見性天，勢必不除惡而惡多，愈洗心而心亂。

——道德經講義第七十四章

水喻一陽初動，真精始生，其機至弱，其勢至柔，而漸採漸結，日益月增，以至於浩然之氣，至大至剛，塞乎兩大，統乎萬匯，而無堅不入、無强不破者焉。

——道德經講義第七十八章

人到老來，精氣耗散，鉛汞減少，欲修金丹大道，亦似難乎其難。不知金丹一事，非屬後天精氣，乃是先天鉛汞。得其至一之道，採而取之，餌而服之，不論年老年少，皆可得藥於一時半刻，成功於十年三月。特患不聞先天真一之氣，徒取於後天有形之精，不惟老大無成，即少壯之士亦終無得也。惟下手之初，勉强支持，使手不妄動，足不輕行，目不外視，耳不他聽，口絕閒言，心无妄想。自朝至暮，滌慮洗心，制外養中，退藏於密，不使一絲之牽，不令半毫之累。積之久久，誠至明生，自然目光内照，耳靈内凝，舌神内蘊，心靈内存，四肢舒徐，頭頭合道。人到老來，莫不畏死情極，好生心深。然畏死而不知求生，徒畏亦無益耳。惟謹慎幽獨，時時内觀，刻刻返照，不離方寸之中，久則致中致和，雖天地可位、萬物可育矣，何況近在一身而有不位、不育者乎？此立玄牝，養谷神，綿綿若存，用之不勤，惺惺常在，守之不敗，寂而常照，照而常寂，即常應常靜，無文無武，所謂「動觀自在，靜養中和」者，此也。固不事河車運轉、斗柄推遷，又無須戡亂以武，野戰則宜，守城以文，沐浴爲尚。此清淨而修之法，非陰陽補益之工。不但老人行持可得藥還丹，即少年照此修持，亦可綿綿密密，不貳不息，上合乎於穆之天。第躁進無近功，急成非大器，惟優遊饜飫，如水之浸潤，火之薰蒸，久則義精仁熟而道有成矣。

——道德經講義第八十章

陽生之道，總不外無思無慮而來。即如貞女烈婦，矢志靡他，一旦偶遇不良，寧捨生而取義。又如忠臣烈士，惟義是從，設有禍起非常，願捐軀以殉難。此真正陽生也。由是推之，舉凡日用常行，或盡倫常孝友，或矜孤寡困窮，一切善事義舉，做到恰當好至，不無歡欣鼓舞之情，此皆陽生之候。只怕自家忽焉見得，忽焉又爲氣阻也。又怕自家知道，因而趾高氣揚，喜發於言，形動於色，洋洋詡詡，不知自收自斂，視有如無，因被氣習牽引而散矣。又或讀書誦詩，忽焉私欲盡去，一靈獨存，此亦陽生之一端也。又或朋友聚談，相契天懷，忽然陽氣飛騰，真機勃發，此亦陽生之一道也。更於琴棋書畫，漁樵耕讀，果能順其自然，本乎天性，無所求亦無所欲，未有不優遊自得、消遣忘情者，此皆陽生之象也。總要一動即覺，一覺即收，即或不至於成仙，果能持守不失，神常返於穴中，氣時歸於爐内，久久真陽自發生矣。

——樂育堂語録卷一

蒲團子按　此論日用平常與道相契處。此處所列舉諸端，在平常頗爲多見。如讀道書讀到心領神會時，自然身心安静，安然入坐，恍惚刹那間，已有大段時間過去。又如撫琴作畫，用意深時，心無旁騖，呼吸俱停，與做工夫一般無二。是即「道在平常日用中」，亦即「悟得通玄處，頭頭皆是道」。

進火採藥，在後天原是兩項，不是一事。夫進火者，凝神壹志不分也；採藥，是用外呼吸之氣，一升一降，一出一入，順其自然是也。若陽動藥生，即將内之精神一意凝於丹鼎，即是進火；將外之呼吸，出入升降以包裹之，即是採藥。進火是進火，採藥是採藥，不可混而爲一也。若但用外呼吸升降往還，而神不凝於丹鼎，則雖真機勃發，必散漫一身而無歸宿之處；若但見陽氣勃發，以意凝注，而不用後天呼吸以包裹之，則藥氣止於其所，惟以壯旺下元、沖舉腎氣而已。進火，猶鐵匠之爐而加以柴炭也；採藥，猶鐵匠之風箱而抽動之也。若但抽其風箱，而爐中不加以炭火，則火不雄而金不化； 若但加以炭火，而手中不抽動其箱，縱有柴有炭，亦只溫溫爐内而已，安望煉成有用之物哉！ 火是火，藥是藥，進是進，採是採，後天法工原是如此。 他如採大藥於無爲之内，行火候於不動之中，此是火藥合一，進採無分。 陽生之時，還要自家審得歸真地步，方是有爲無爲、有作無作的實際。

——樂育堂語錄卷一

蒲團子按 採小藥之工夫，屬有爲中無爲之法； 採大藥工夫，純是天然真機，屬無爲中有作之法。 有爲中無爲，即雖似有作有爲，但關鍵地步，純屬天然，不假作爲； 無爲中有作，即純屬天然，雖真機動時，似有作爲，然乃天機自動，自然而然，非有意爲之。

修命是教人以水火周身運動，使血肉之軀化爲活活潑潑、隨心所用、無有阻礙，到得一身毛竅晶瑩、肌膚細膩，得矣。 又不可貪神氣之周於一身、酥軟快樂、流蕩忘返，還要收之回宮，不准外洩，却不要死死執著一個穴道認爲黄庭。 須知，收之至極處，無非與太虛同體，渾不知其所在。 時而動也，亦與電光同用，一動即覺，一覺即滅，前無所來，後無所去，仍一杳冥光景，還於無極焉耳。

——樂育堂語錄卷一

夫人身所以健爽者，無非後天之氣足也。氣何在？即身間一呼一吸出入往來氤氳内蘊者是。此氣即腎間動氣，肺主之而出，腎迎之而入，一出一入，往還於中黄宫内，則内而臟腑，外而肢體，無處不運，即無處不充，所謂身心兩泰、毛髮肌膚皆晶瑩矣。顧自後天言，肺之出氣，腎之納氣，兩相調和勻稱，無或長或短之弊，自然無病，可以長生不老。然先天則金生水，即天一生水。而後天則必自土而生金。金而生水，金水調勻，生生不息。故必節飲食、薄滋味，慎言語以養肺氣，少思慮以養脾氣，與夫一舉一動，節其勞逸，戒其昏睡，則土旺自能生金，金旺自能生水。水氣一運，則脾土滋潤而金清水白，可以光華四達，無有違礙焉。

欲收先天元氣蘊於中宫，生生不已，化化無窮，離不得一出一入之呼吸息息歸根。神氣兩相融結，和合不解，然後後天氣足，先天之氣之生始有自也。若不於後天呼吸之息，息息向中宫吹嘘，則金無所生，水不能足，一身内外多是一團燥灼之氣。猶之天氣亢陽，而土無潤澤之氣，萬物之枯焦不待言。此一呼一吸，所以爲人生生之本也。

用工但於行住坐臥之時，常常調其呼吸，順其自然，任其天然，毫無加損於其間，亦不縱放於其際，一切日用云爲，總總一個不動心，不動氣，不過勞過逸，自然後天氣旺，先天元氣自回還於五宮之地，不必問先天何在，而先天之氣自在是矣。若不知保養後天，徒尋先天元氣，勢如炊沙求飯，萬不可得。到得後天氣一聚於中，先天氣自在於內，氤氤氳氳，兀兀騰騰，莫可名狀，而亦無可名狀者。若曰可名，皆是後天之氣，不足以還原返本而成神仙骨格焉。

——樂育堂語錄卷一

蒲團子按　此言先天氣與後天氣在修煉中的意義。保養後天，方可有益於尋求先天。

真一之氣，雖貫乎精氣神之中，而實無迹可尋。非口鼻呼吸之凡氣，非虛靈知覺之靈氣，非坎離心腎之動氣；在先天而不見其先，居後天而不見其後；先天則生乎陰陽，後天則藏於陰陽。雖非後天之精氣神，亦非先天之精氣神，實爲後天精氣神之根本、先天精氣神之主宰，想象不得，擬議無從。只以人身真陰真陽團聚一處，久久醞釀，庶得真一之氣於虛窟子中。若不知真陰真陽以團先天元氣，而於凡陰凡陽中求之，一任經年累月，亦不得真一之氣。即略見恍惚影子，不免以真作僞，以幻爲空，終與凡夫無異焉。雖修煉始基不離凡陰凡陽，而要不過假後天之氣以團先天元氣。若得先天元氣，那後天凡天殆糞土耳。得此元氣，當知終日終夜靜定涵養，不許外邪參入，亦不許真氣外出。積之久久，天理澄之淨淨，自由夜氣而養浩然之氣，以超乎天地陰陽之外。斯時也，自然人欲潛消，天理渾全。是氣也，殆能化欲爲理，轉殺爲生。若打坐時不先將六根六塵一齊放下，大休大歇一場，驟引凡息上下往來，以希此真一之氣，未有能得者也。惟能於大靜之後，真陰真陽方能兆象。然後以離宮之元神，下照水府，則水府之金，自蓬勃氤氳，直從下田鼓盪，所謂「地涌金蓮」是也。我於是收回中宮，再加神火温養，久之，此個元氣滃然而上升泥丸，所謂「天垂寶蓋」是也。我於此凝聚片刻，以藏於宥密之地，此即順天地造化之機，合盈虛消長之數，如是而不結丹成嬰者，未之有也。

——樂育堂語錄卷二

五、玄牝之門

玄關一竅，是修士第一要務。修丹之要在玄牝，玄牝乃真陰真陽混合而爲太極者也。

但未動則渾淪無迹耳，故曰無極。由無極而忽然偶動，即太極。動而生陽，靜而生陰，一動一靜，互爲其根。此陰陽氣機之動靜，即萬物之生成肇焉。

——樂育堂語錄卷二

天地合而玄牝出，玄牝出而闔闢成。其間一上一下，一往一來，旋循於虛無窟子，即玄牝之門也。此門也，乃陰陽往來之路，天地造化之鄉，人物發生之地，得之則生，失之則死；凡人順用之則爲死户，聖人顛倒之則爲生門。欲煉丹以成長生久視之道，捨此玄牝之門，别無他徑。惟此一出一入間，中含妙諦。玄牝者，陰陽之氣。修道之人欲尋此妙竅，著不得一躁切心，起不得一忽略念，惟借空洞之玄牝，養虛靈之谷神，不即不離，勿忘勿助，斯得之矣。此玄牝之門，不虛不實，即虛即實，真有不可名言者。靜則無形，動則有象，惟動靜交關處，乃坎離顛倒之所，日月交光之鄉，真所謂天根地窟也。

——道德經講義第六章

夫修真煉道，非止一端，豈區區玄關妙竅可盡其蘊哉？蓋天有天根，物有物蒂，人有人源，斷未有無始基而能成絕大之功、不朽之業者。修士要得玄關，惟有收斂浮華，一歸篤實，凝神於虛，養氣於靜，致虛之極，守靜之篤，自然萬象咸空，一真在抱。

——道德經講義第十六章

蒲團子按　「凝神於虛，養氣於靜」宜注意。

修養一事，咽津服氣出而道一變，採藥煉丹出而道一變，迄於今，紛紛左道，不堪言矣。誰復知玄關一竅爲修道之要務乎？　人欲識此玄關，須於大塵勞、大休歇後，方能了徹得這個玄關。總不外塵情雜慮紛紛擾擾時，從中一覺而出，即是玄關。但恐於玄關未開之前，先加一番意思去尋度，於玄關既開之後，又加一番意思去守護，此念慮紛紛，猶天本無雲翳，雲翳一散，即現太空妙景，而却於雲翳已散之後又復加一番烟塵，轉令清明廣大之天因之而窄逼難容、昏暗莫辨矣。此等玄機，總著不得一毫擬議，擬議即非；著不得半點思慮，思慮即錯。惟於玄關未開時，我只順其了照之意；於玄關既開候，我亦安其坐照之常。念若紛馳，我即收回，收回即是；神如昏罔，我即整頓，整頓即是。是何如之簡捷便易乎！　特患人於床上安床，動中尋動，靜裏求靜，就涉於穿鑿。而玄關分明在前，却又因後天知慮遮蔽而不在矣。今示一要訣：任他思念紛紜，莫可了却，我能一覺而動，即便掃除，此即是玄關。足見人之修煉，只此覺照之心，亦如天空赤日，常須光明洞照，一毫昏黑不得，昏黑即落污暗地獄。苟能撥開雲霧，青天白日明明在前；如生他想，即落凡夫窠臼，非神仙根木。總之，仙家無他玄妙，惟明心見性乃修煉要訣。

——道德經講義第三十八章

黄庭之說，在不有不無，不內不外，又在色身之中，又不在色身之中。此個妙竅，古所謂「凝神於虚，合氣於漠」是也。夫「凝神於虚，合氣於漠」，亦猶是在丹田中，但眼光不死死向內而觀耳，神氣不死死入內而團耳，惟凝神於臍下，離色身肉皮不遠，此即「不內不外」之說也。以意凝照於此，但覺口鼻呼吸之氣一停，而丹田之氣滚滚轆轆在於內外兩相交結之處，紐成一團，直見氤氤氳氳、渾渾淪淪、悠揚活潑之機，一出一入，真與天之元氣兩相通於無間。生精、生氣、生神，即在此處，與天相隔不遠。此即「合氣於漠」。昔人謂之「元氣」、「胎息」、「真人之息以踵」者，非此而何？元氣者，即無思無慮、無名無象中，渾淪一團清空一氣是也。胎息者，蓋人受氣之初，此身養於母腹，此時口鼻未開，惟此臍田之氣與母之臍輪相通，是以日見其長，及至呱地一聲生下地來，此氣即從口鼻出入往來，所謂「各立乾坤」者也。臍輪之氣與外來之天氣相接，不內不外，氤氳混合，打成一片，即是返還於受氣之初而與母氣相連之時，即是胎息也。真人之息以踵者，蓋以真人之息藏之深深，達這亹亹，視不見，聽不聞，搏不得，深而又密，如氣之及於脚底是也。彼口鼻之氣非不可用，但當順其自然，不可專以此氣爲進退出入。若第用此氣，而不知凝神於臍下一寸三分之地，尋出這個虛無窟子，以納天氣於無窮，終嫌清濁相間，難以成丹。昔人云：「天以一元真氣生人。」此氣非口非鼻，非知覺運動之靈可比。

——道德經講義第五十七章

蒲團子按　雖以黃庭爲名，然此黃庭乃與玄關同一意義。欲探玄關之究竟，此段論述不可不讀。

欲盜天地之元氣，須先識天地之玄關。鴻濛未判之先，天地初開之始，混混沌沌中，忽然感觸，真機自動，此正元氣所在也，而修煉者必採此以爲丹頭。

——道德經講義第五十一章

以神光下照丹田，而陰精亦下流入丹田，神火一煅，精化氣矣。此個丹田，即玄關也。夫人一身之總持，五氣之期會，三花之凝聚，結丹成胎，出神入聖，無不於丹田一穴是煉焉，猶百川眾流之朝宗於海也。煉丹之所在此。

——道德經講義第六十一章

玄關一竅，寂然不動，感而遂通，且不睹不聞之際，此中有無善無惡之真。如初日芙蓉，曉風楊柳，嬌紅嫩綠，嫣然可愛。一陽初動，其機甚微，其勢甚迅。至於二陽、三陽，則神凝氣聚，真精自動，浩浩如潮生，溶溶似冰泮。要皆自微而著，由小而大，自近而遠。至於進火退符，河車搬運，陽鉛再生，陰汞復合，時烹時煉，漸結漸凝，神完氣壯，藥熟丹圓，更有六根震動、六通具足之盛，皆自玄關一動始也。此時初動，水源至清。

——道德經講義第六十四章

修煉之道，最重玄關一竅，是爲天地人物生生之始氣。此氣至柔而剛，至柔而强，且剛柔强弱俱無所見，惟恍惚杳冥中，忽焉陰裏含陽，殺裏寓生，似有似無，若虛若實，此真無聲無臭上天之載之始機也。人能盜此虛無元始之氣，則先天生生之本已得，而位證天仙不難矣。既盜得玄關始氣以爲金丹之寶，然二候採藥亦當專氣致柔，如稚子骨柔體弱而握固，始得初氣以爲丹本，四候行火又要知一身酥軟如綿、美快無比，方是先天氤氳蓬勃之機、沖和活潑之象。有此陽氣，可煉仙丹。再於退符之候，歸爐封固，入鼎温烹，猶當綿綿密密，了了如如，無怠無荒，如醉如癡，神懶於思，口懶於言，所謂「天上春雲如我懶，誰知我更懶於春」。如此之柔之弱，方是先天陽氣，可以長存而不敝。總之，十月懷胎，三年哺乳，九年面壁，無非先天柔弱之氣爲之丹成而仙就耳。修士當尋此柔脆之氣，始不空燒空煉、枉勞精神也。

——道德經講義第七十六章

蒲團子按　此段論述，乃指先天一氣出自玄關，並指出先天一氣之景象。能體得此中味道，對正式做工夫當更爲有益。

玄關一竅，是吾人煉道丹頭，勿區區於大定大靜中求。學人修養之時，忽然靜定，一無所知所覺，突起知覺之心，前無所思，後無所憶，乾乾淨淨，即乾元一氣之本來面目也。從此一念修持，採取烹煉，封固温養，久久自成不測之仙。然而小定小靜，亦見天心之來復。若人事匆匆，思慮萬端，事爲煩擾，如葛之緣蔓，樹之引藤，愈起愈紛，愈紛愈亂，無有止息，爲之奈何？但能一念回光，一心了照，如酒醉之夫，迷睡路旁，忽地一碗涼水從頭面噴去，猛然一驚而醒，始知昏昏迷迷一場空夢。此即玄關竅也。玄關者，太極將分、兩儀將判也，動不是，靜亦不是，其在靜極而動、動極而靜之間。

——樂育堂語錄卷一

玄關一竅，是虛而靈者之一物，纔能了生死，脱輪迴，爲億萬年不朽之法身。從此體會出來，務令乾乾淨淨，晶瑩如玉，不使纖芥微塵染而壞之，即是仙家。

——樂育堂語錄卷一

玄關一竅，實在神冥氣合，恍恍乎入於無何有之鄉、清虛玄朗之境。此時心空似水，意冷於冰，神靜如岳，氣行如泉，而初不自知也。惟其不知有神，不知有氣，並不知有空，所以與太空之空同。功修至此，動靜同夫造化，呼吸本夫氣機，皆由真陰真陽合而爲一之氣，所以與天地靈陽之氣一出一入，往來不停，以彼此混合團成一區，空而不有、實而不著也。必須神凝氣中，氣包神外，兩者混融，了無分合，忽焉混混沌沌，入於杳冥之地。斯真虛真靈，兩相和合，不啻人呼而谷傳聲，風鳴而竅作響，自然之理也。此正靜合地體之凝，動合天行之健。其呼也，我之氣通於天之氣；其吸也，天之氣入於我之氣。

——樂育堂語錄卷一

玄牝之門，非如時師傳人以出氣爲玄、入氣爲牝之謂也，又非在離宫、在坎宫水火二氣之謂也。蓋在有無之間、不内不外之地，父母媾精時一點靈光墮入胞胎内，是爲玄牝之的旨。

——樂育堂語録卷一

欲見真竅，惟此息調心静、氣閒神安爲真把柄。不然，有爲而爲，有思而得，亦不無玄竅之動。而究之一時而見，移時即非，不似此自然而然、由静存動、察而得者之耐久也。務於此處認定主腦，一力前進。

——樂育堂語録卷二

下手之時，即當集神於玄關竅中，虛無圈内，庶幾混混沌沌，杳杳冥冥，無人無我，何地何天，方能養成不二元神。若不藏於隱幽之地，而常於方寸中了了靈靈，未有不馳於塵情俗慮而日夜無休息也。

——樂育堂語録卷二

六、行功法要

人不肯耐煩就榻者，其故有二。一由於未坐之時，未曾將日間所當應酬之事如何區處、如何分付後人一一想透，故上榻時，此心即爲塵情牽掛，坐不終局也。非惟不能終局，且一段真機反爲思慮識神牽引而去者多矣。打坐之初，務於當行之事一一想過，安頓妥貼，然後就坐，庶一心一德，不致於中攪擾焉。一則由於知升而不知降，知進而不知退，知存而不知亡，知得而不知失，是以攝提坎宮真氣上衝泥丸，神因之而外越，不知低頭下盼、收斂神光於丹鼎，是以忙了又忙，慌了又慌，未到如如自如、了了自了，而即欲下榻也。且道本無物，修原無爲，忽見真氣衝衝，元神躍躍，不知此氣機自然運動，於本來物事無相關涉，却死死執著這個消息，常存不放，因之惹動後天凡息不能平靜，擾亂先天元神無以主持，是以坐未十分如意而遽行下榻也。究之未下榻時，覺得吾身事忙，猶如救火追亡，一刻難緩。及至下榻，却又無一急切之事。皆由識神爲主，而元神不能坐鎮故耳。須於不關緊要之事，一概丢開，先行自勸自勉，看這些塵情都是虛假文章，不堪留戀，惟此先天大道，乃是我終身所倚靠者，生與之來，死與之俱，真有不容一刻稍寬者，況桑榆已晚，日月無多，若再因循，後悔其何及乎？如此看破，無掛無慮，於是安心就坐，向水府求玄，升提陽氣，將眼耳口鼻一切神光會萃中宮，不令一絲外入內出，蘊蓄久久，自煥發焉。尤要知，道本無物，至此躍躍欲出，皆是氣機發洩於外。道貴收斂，不貴發洩，此處尤須防閑，毋許後天神識擾動，庶可安坐榻上。

——樂育堂語錄卷一

蒲團子按 此是打坐緊要之處。大凡做靜坐工夫者，多會遇此一節。此段論述，對行功頗有啟發。至於放下、看破等論，說易行難。今人欲做工夫，這段内容不可不閱讀。

下手之初，其修也有道有德，有軌有則，脱然洒然，無累無繫，到深造自得之候，居安資深，左右逢源，從前所得者，至此爽然若失。工夫純粹，打成一片，恰似閉門造車，出而合轍，無不一也。用力之久，苦惱之場亦化爲恬淡之境。

——道德經講義第二十三章

用工修煉，第一要調得外呼吸均匀，無過不及，一任出玄入牝，如如自如，可開則開，可閉則閉，爲粗爲細，略加收斂調協之意足矣。切勿氣粗而按之至細、氣浮而按之使斂，致令有形凡火燒灼一身精血可也。無息之息，方爲真息；不神之神，斯爲至神。學者調息凝神之際，務要尋得真息，認得真神，斯可渾合爲一。否則，有形之息，皆凡火也。真火生神，凡火傷身；真神可做主張，凡神騷擾不寧。何謂真息？即丹田中悠悠揚揚、旋轉不已者是。何謂真神？即無思無慮之中，忽焉而有知覺，此爲真神。修煉家欲採元氣以化凡精，欲升真鉛以制陰汞，使之返還乾性，仍成不思不慮之元神，非採先天元息不能。夫元息在丹田，若有若無，不寒不暖，如火種者然。外不見有焰，內不知有火，只覺暖氣融融，薰蒸在抱，斯無形之神火，自能變化無窮，神妙莫測。否則，有形之火，氣勢炎炎，未有不忽焉而起、忽焉而滅，其爲身心性命之害，不可勝言。然外邊呼吸凡火，與丹田悠揚活潑神火，未必劃然二物。猶燭照之火，無非成形後天之火，丹田外之呼吸是也。燭未燃之時，油中亦自有火，此即先天之神火，未經點燃者。採此神火，可以千萬年不朽。若採凡火，頃刻而即消滅。用此有形之火，祛逐一身之風寒暑濕，復用此無形之火，煅煉此身之渣滓陰霾，而金丹可成矣。

——樂育堂語錄卷一

學人下手興工，所以貴凝神調息也。蓋神不凝則散，散則游思妄想迭出，安能團聚一區以爲煉丹之主帥？惟能凝則一，一則虛，我心之虛即本來天賦之性，外來太空之虛即未生虛無之性。息不調則放，放則内而臟腑，外而肌膚，無非一團躁急之氣運行，欲其凝聚一團而爲我造命之本，蓋亦難矣。惟能調則平，平則和。我身之和，即我生以後受天地之命；太和一氣，即未生以前懸於天地之命。此即真性真命，與天地人物合而不分之性命，亦即神仙造而爲神仙之性命也。欲復命歸根以臻神化之域，亦無他修，只是凝神令静，調息令勻，勿忘勿助，不疾不徐，使心神氣息皆入於虛極静篤而已矣。造作之虛，乃自然之虛。

——樂育堂語錄卷一

蒲團子按　此言性命之真。欲修性命，不能不知性命之真。

下手之初，神光下照於氣海，繼則火蒸水沸，金精焕發，如潮如火，如霧如烟，當收視返聽，護持其明，送歸土釜，仍還先天一氣，小則却病延年，大則成仙證聖。此爲真常之道，惟至人能襲其常，不違其道，故曰積月累，而至於神妙無方，變化莫測。

——道德經講義第五十二章

學者修真，下手之際，貴乎一心，制服兩眼並口耳身意之妄識，於是集神於丹扃，調息於丹田，務使凡息斷滅，然後元氣始來歸命。既得元氣來歸，氤氳活潑，宛轉修揚，如活龍動轉，十分爽健。此元氣之充壯，可以運行河車矣。苟氣機大動，不行河車化精爲氣、化氣爲神之工，仍然凝聚丹鼎，奈未經火化，陰精難固，不能長留於後天鼎中，一霎時凡火一起，必動淫根、生淫事而傾矣。即或强制死守，不使他動，奈後天精氣皆屬純陰，未經煅煉，不强制，他必洩，即强制，他亦必洩也。金丹始終，全仗火候。古人臨爐，十分慎重，惟恐一息偶乖，有干陰陽造化。故曰進火行符，猶之煮飯。火緩則生，故貴惺惺常存；火急則焦，故貴綿綿不絕。到得地下雷鳴，火逼金行，此時必善於用武。任他烈焰萬丈，光芒四射，我則以一滴清涼水遍洒十方足矣。此即清淨恬淡爲本之妙術也。故曰：「龍虎相逢上戰場，霎時頃刻定興亡；勸君逢惡須行善，若要爭强必損傷。」誠以其勢可畏，其機甚危，而此心不可不臨爐審慎也。既明得此旨，永無傾洩之患也。

——道德經講義第八十一章

蒲團子按　淫念一動，先天元精已落後天，化爲濁精，勉强保守，易生禍患，或致走丹，或閉塞精竅。若得權巧之法，即行化解，或不致受患。如果不能在靜坐中恰當處理，不若下座做一些運動，或做一些柔軟體操，或打打太極拳等。武火煅煉，火逼金行，應在真機初動，淫機將現未現之時，最爲的當。若淫念一生，已落後天，徒用武火，無濟於事，尚有產生他患之弊。

心何以明？惟虛則靈，靈則明，明則衆理俱備，萬事兼賅。未動則浩浩蕩蕩，無識無知，所謂內想不出，外想不入，但覺光明洞達，一理中涵，萬象咸包，斯得之矣。及觸物而動，隨感而通，遇圓則圓，隨方則方，活潑不拘，似游龍之莫測。學者下手之初，必要先將此心放得活活潑潑，托諸於穆之天，游於太虛之表，始能內伏一身之鉛汞，外盜天地之元陽，久之神自凝而息自調，只覺丹田一點神息渾浩流轉，似有如無，我於此守之照之，猶如猫之捕鼠，兔之逢鷹，一心顧諟，不許外游，自然內感外應，覺天地之元氣流行於一身內外而無有休息也。性功到此，命工自易焉。

——樂育堂語錄卷一

蒲團子按　上乘工夫，性命原無分別，修性即是修命，修命亦即修性，是即性命雙修。知此，以後工夫自然容易貫通。

打坐之頃，其始，陽氣沉於海底，猶冬殘臘盡，四顧寂然。以神光下照，即是冬至陽回。此時雖有陽生，而闃寂無聲，四壁蕭條，仍如故也。從此慢慢氣機旋運，不覺三陽開泰，而萬物回春，花紅葉綠，水麗山明，已見陽極之甚。此個工夫，須將外火不用，內火停工，一任天然，自然隨其氣機之運動，但用一個覺照之心以了照之，猶恐稍不及防又墮於夙根習氣而不自知。迨至覺照已久，義精仁熟，又何須存？又何須養？一順其天然之常而已。

——道德經講義第五十七章

氤氳之氣，在人身中就是停內火外符，渾然不動，任氣息之流行。工夫純熟者，斯時全不用意。若未到此境，覺照之心不可忘也。

——道德經講義第五十七章

恬淡處之，沖和安之，一霎時間，氣息如無，神機似絕，此致柔也。温養片晌，神氣歸根，自如爐中火種，久久凝注，不令紛馳，自然真氣流行，運轉周身，一心安和，四肢酥軟，不啻嬰兒之體，如絮如縷，有柔弱不堪任物之狀，此足徵丹凝之象。從此鉛汞相投，水火既濟，又當洗心滌慮。獨修一味真鉛，苟心一走作，丹即奔馳，不惟丹無由就，即前取水鄉之鉛亦不爲我有。

倘外丹雖得，内照不嚴，則人欲未淨，天理未純，安得一粒黍珠虛而成象乎？

——道德經講義第十章

蒲團子按　此專氣致柔之工夫。恬淡處之，自然神氣沖和。沖和而安之，自會「氣息如無，神機似絕」。至於洗心滌慮，不惟在鉛汞相投、水火既濟之後，工夫處處在在都宜洗心滌慮。「恬淡處之」，亦洗心滌慮之法。

世之凡夫，以全未煅煉之神氣，突然打坐，忽見外陽勃舉，便以爲陽生藥產。豈知此是後天之知覺爲之，凡火激之而動者，何可入藥？須知，真陽之動，不止一個精生，氣與神皆有焉。必先澄神汰慮，寡欲清心，將口鼻之呼吸一齊屏息，然後真息見焉，胎息生焉，元神出焉，元氣融焉。由此再加進火退符、沐浴温養之工法，自有先天一點真陽發生，靈光現象。以之爲藥，可能驅除一身之邪私；以之爲丹，可以成就如來之法相。

——樂育堂語錄卷一

真陽即生，迎其機而導之，隨其氣而引之。

——道德經講義第十四章

學道人總要於陽之未生，恍惚以待之； 於陽之既產，恍惚以迎之； 於陽之歸爐、入鼎，恍惚以保之、養之。 絕不起大明覺心，庶幾無時無處而不得大道歸源焉。

——道德經講義第十四章

蒲團子按 上陽子云火候，謂起火以候之。 藥未生時，靜而待之； 藥生之時，迎而歸之； 歸爐入鼎，保之養之。 此採大藥之規程。

靜以凝神，動以生氣，一升一降，收歸爐內，漸採漸煉，漸煉漸凝，無非一心不二，萬緣皆空，保守此陽而已。 有而不有，虛而愈虛，有至虛之心，無持盈之念，是以能返真一之氣，得真常之道。

——道德經講義第十五章

調度採取爲一候，歸爐温養爲一候。 然真精生時，身如壁立，意若寒灰，自然而然，周身酥軟快樂，四肢百體之精氣盡歸於玄竅之内，其中大有信在，溶溶似冰泮，浩浩如潮生。此個真精，實爲真一之精，非後天交感之精可比，亦即爲天地人物發生之初公共一點真精是矣。氣機要皆自此發端，儼若千層臺之始於累土、萬里行之始於足下一般。

真信者，陰陽迭運，不失其候之調，俟其信之初至，的當不易，即行擒伏之工得矣。學人靜定之時，忽然偶生知覺，若生一他念，此個元氣即已雜後天而不純矣。若動一淫思，此個氣機即馳於外，而真精從此洩漏矣。古人云：「洩精一事，不必夫妻交媾，即此一念之動，真精已不守舍，如走丹一般。」

——道德經講義第二十一章

打坐之時，先凝神，繼調息。到得神已凝了，不必有浩然正氣至大至剛、充塞天地，只要心無煩惱，意無牽掛，覺得心如空器，一點不有，意若冰融，片念不生，此身聳立，恍如山嶽之靜鎮，不動不摇，由是以神光下照於氣穴之中，默視吾陰蹻之氣與絳宫之氣兩相會於丹鼎之中，我即以温温神火細細烹煉，微微巽風緩緩吹嘘，自然精融氣化。此即煉精化氣也。

何以知其煉精化氣哉？前此未採外來之氣，與吾心内之神，兩相配合，會成一家，此個坎離各自分散，全不相依，呼吸亦不相調。到得收回外氣以制内裏陰精，氣到之時，陰精自化。上下心腎之氣既合爲一，自然絳宫安閒，腎府自在，外之呼吸與内之真息合爲一氣，渾如夫婦配成，聚而不散，日充月盈，真陽從此現象矣。此即化氣之明徵也。

既已化氣，再行向上之事。斯時呼吸合，神氣交，凝聚丹田，宛轉悠揚，幾如活龍游泳，一日有無數變化，我惟凝神於中，注息於外，聽其自然，自然靜極而動，動極而靜，此即煉氣化神也。

到得靜定久久，我氣益調，前此宛轉流行於丹田者，此時烹煉極熟，覺得似有似無，若動若靜，粗看不覺，細會始知。此際務將知覺之心一齊泯去，百想無存，萬慮全消，即丹田交會之神氣，聽他自鼓自調，自温自煅。我惟至虛守寂，純任自然。神入氣中而不知，氣周神外而不覺。如此烹煉一陣，自有一陣香風上衝百脈，遍體薰蒸，此所謂神生氣也。又覺精神日長，智慧日開，一心之内，但覺一息從規中起，清淨微妙，晶瑩如玉，此所謂氣生神也。如此神氣交養，兩兩相生。斯時正宜撒手成空，不粘不脱，若有心，若無意。此煉神還虛之實際也。

此三件工夫，一時可行可到。學人須遵道而行，不可但到神氣粗交，未至大靜，即行下榻。又不可但到神氣大交，凝成一片，兩不分明，未到虛無清淨自在之境，速離坐地。

必須照此行持，從煉精起，至於氣長神旺，久久化爲清淨自然，再加歸爐封固工法，然後合乎天地盈虛消息與一年春夏秋冬氣象。如此始完全一周工夫。照此修持，自然我氣益調，我神益靜，中有無窮變化、不盡生機。由是日夜行工，綿綿密密，寂照同歸，自有真氣薰蒸，上朝泥丸，下流丹府，透百脈而貫肌膚，勃然有不可遏之狀。此河車之路自然而通，我不順其所通而略爲引之足矣，非若旁門左道以自家私意空空去運、死死去行，不觀他自動自靜而爲之起止也。

——道德經講義第三十四章

蒲團子按　煉精化氣、煉氣化神、煉神還虛三件工夫，其說由來已久。雖丹家每言從自然修爲中得之，然「以自家私意空空去運、死死去行」者比比。究其因，無非揠苗助長，以圖速效。仙家工夫，有作中無爲，無爲中有作，皆不離自然。

陳攖寧先生云：「上乘工夫，直截了當，簡易圓融，本不分段落，昔人爲初學方便說法，勉强分作三段。第一段雖名爲煉精，但不可著在精上，若執著後天有形之精，當作一件寶貝，拚命的死煉，用火愈多，則濁精愈不能化。遺精尚是小事，就怕關在裏面捨不得放他出去，又無法使之化氣上升，濁精與邪火混作一團，攪擾得身心極不安靜，其害更甚於遺精。第二段雖名爲煉氣，亦不可著在氣上，若執著後天呼吸之氣，在身中搬運升降，工夫愈勤，則粗氣愈不能化。洩氣尚是小事，若關在裏面不放他出去，又不能神氣合一，心息兩忘，而入大定，粗氣没有出路，凝結在身中某一部分，成爲痞塊，或生無名腫毒，其害百倍於洩氣。學者須知，一碗清水，用火燒之，立刻可以化氣；　一碗稀痰，經火煎熬，只能變成老痰，再燒則變爲痰塊，愈燒愈乾，愈乾愈結，永無化氣之希望。先天元精，譬如清水；　後天濁精，譬如稀痰。又當知電氣磁氣，極細極微，無影無形，却富於感應之力；　空氣、水蒸氣，性質粗笨，皆無絲毫感應。先天元氣，譬如磁電；　後天粗氣，譬如空氣、水蒸氣也。第三段雖名爲煉神，其實就是止火，神即是火，火即是神，煉即是止，止即是煉。學者能懂得煉神的工夫，就不必再問止火的方法。煉神與止火，其名爲二，其實則一。煉精化氣者，以元神煉元精也；　煉氣化神者，以元神煉元氣也；　煉神還虛者，以元神自煉也。若問如何謂之自煉，即是以不神之神，作不煉之煉也。到此地步，非但武火要完全停止，即文火亦無所用之，只有渾然一個元神，不見一點火性，如此豈非止火乎？若不肯止火，則煉神工夫即無下手處。」「張三丰真人玄機直講上說：『一刻之中，亦有煉精化氣、煉氣化神、煉神還虛之工夫在内，不獨十月然也。』」「蓋上乘工夫，本不分段落，一刻之中如此做法，一日一月一年，亦是如此做法，三年五年十年，亦是如此做法，所以稱爲直截了當，簡易圓融也。伍沖虛、柳華陽之書，硬要明明白白的劃分段落，所謂百日築基、七日過關、十月結胎、三年乳哺、九年面壁，按之實際，皆不相符合。既然與事實不符，何必定要說出一個死板的數目？想是當時遇到一般學道的人，生性愚笨，苦苦追究成功的期限，所以傳道者不能不方便說法，以安慰大眾迫不及待之心理。後學若執爲定論，反被古人所誤矣。」

煉精化氣，雖是下手初基，要知人無精則無氣、無神，亦猶燈之無油則無火、無光也。黃帝云：「精不足者，補之以味。」後人解釋，有「節飲食，薄滋味」之說。又古人云：「精以靜而後生。」術家以搬運、按摩動搖其精，誤矣。廣成子云：「毋搖爾精，毋勞爾形，毋俾爾思慮營營，乃可以長生。」此可見保精之道又在乎身無搖動、心無雜妄矣。古人云：「精由情感而動，精欲動而窒其情。情由目見而生，情一生而瞑其目。」保精之道，於此完矣。人果能凝神調息於方寸，一心不散，一息不出，猶天之氣下，地之氣上，上下相融，自然成雨。精之生也，又何異是？只怕心不靜而息不調，上下不相混合，斯精所以日消也。至如心中靈液下降，則無形色可見，而泥丸陰精，化爲甘露。此有可以窺者，但要勤修煉耳。否則，著有著無，皆耗精者也。至於精已化氣，則神氣混合，心息相依，其身體內外泰然融然，有酥軟如綿之意。此即氣生之兆也。但此氣生時，即玄關竅開時。古云：「陽氣始生，此身自然壁立，如岩石之峙高山；此心自然凝定，如秋月之澄潭水。」洩洩融融，其妙有不可得而擬議者。故古云：「奇哉怪哉！玄關頓變了，似婦人受胎。呼吸偶然斷，身心樂容腮。神氣真混合，萬竅千脈開。」蓋此時有不知神之入氣、氣之入神者。然又非全無事也，不過杳冥之極，有如此光景耳。寂寂中自然惺惺，舉凡身內身外，略有微動之機，無不及覺。以後煉氣化神，温養泥丸之中，化盡陰霾之垢，自見神而不見氣也。

——樂育堂語錄卷二

蒲團子按　此論煉精化氣之道。其間須要注意者有二。一是「精以靜而後生」。此指進入靜境後，易於生精。黃庭經云：「仙人道士非有神，積精累氣以成真。」積精累氣，當從靜功入手。二是「精由情感而動，精欲動而窒其情。情由目見而生，情一生而瞑其目」。此是保精之道。然「窒其情」有自然之法，有勉强之法。自然之法，身體不動，意識放鬆、放空，聽其自然，不可任其自然，使情欲慢慢平復；勉强法則或神識轉移，或注意一處，或默唸字句。自然法無有弊端；勉强法行之不當，易造成其他困擾。如此兩種方法無法奏效，可下坐緩步行走，待其平復之後，再入坐。「瞑其目」避免情生，恐不可能。此處的「瞑其目」，當指返觀內照。知此生精、保精之道，仙家之基礎已備，惟待步步精進即可。

精氣神三者，一齊都有，不是一步還一步。初功言曰煉精，而氣與神在焉；二步曰煉氣，而神與精在焉；三步曰煉神，而精與氣亦在焉。即還虛合道，道合自然，自始至終，俱不離也，離則非道也。精非交感之精，乃受氣生形之初所禀太虛中二五之元精。煉精化氣，修行人初行持也。修士興工之始，必垂簾塞兑，凝其神，調其息，將三元混合於一鼎，一鼎烹煉乎三元，名曰煉精，實則神、氣俱歸一竅。直待神融氣暢，和合爲一，於是氣機發動，蒸蒸浮浮，是曰氣化，又曰水底金生，又曰凡父凡母交而產藥。此是人世男女順以生人之道，若不知逆修之法，頃刻化爲後天有形之精，從腎管而洩。故「固氣留精，決定長生」。人欲長生，此精之化氣，即是長生妙藥。如有衝突之狀，急須内伏天罡，外推斗柄，進退河車，收回中宮再造。此爲煉内藥也，精氣神亦混合爲一者也。一内一外，一坎一離，始而以身之所具交會黄房，温養片晌，則氣生焉。此以神入氣，以身中之精煉出天地外來靈陽之氣，即煉精化氣。繼以此氣採之而升，導之而降，送歸土釜，再烹再煉，即是以鉛制汞，以陽氣伏陰精。蓋精原己身素具，故曰離己陰精；氣由精化而產，故曰坎戊陽氣。非精屬心中、氣生腎内也。自涌泉以至氣海皆屬陽，陽則爲坎；自泥丸以至玄關皆屬陰，陰則爲離：是水火之氣爲坎離，非以心腎爲坎離也明矣。又曰坎中有氣曰地魄，在外藥，白虎是也；在內藥，金丹是也。此丹從抽鉛添汞合一而生者也，均屬水府玄珠。內外之說，非真有內外也。離宮有精曰天魂，在外藥，青龍是也；在內藥，己之真精是也。水中金生，即精中氣化，在外藥，白虎初弦之氣是也；在內藥，鉛中之銀是也，又曰金丹長生大藥。只是乾元一氣，陷入人身，非以神火下煅，則沉而不起，且欲動而傾。此如燈之油，燈無油則息，人無氣則滅。人之生生於此，故爲長生大藥。以其自乾而失於坎，今復由坎還乾。金丹之說所由來也。夫人欲求長生，除此水鄉鉛一味，別無他物。但此金丹，雖曰人人自有，然非神火烹煎，別無由生。及真金一生，再將白虎擒龍，自使青龍伏虎，龍虎二氣復會黃房，二氣相吞相啖而結金丹。運回土釜，會己真精，再以神火溫養而結聖胎。胎既結，內用天然真火，綿綿於神房之中；外加抽添凡火，流轉於一身之際。即日運己汞包固真精，久則脫胎而出，升上泥丸，煉諸虛空，務歸本來自然之地。

——道德經講義第五十四章

蒲團子按　心印經云：「上藥三品，神與氣精。」又云：「人各有精，精合其神。神合其氣，氣合其真。不得其真，皆是强名。」精、氣、神三者，是人體中所固有，維繫着人的生命活動。後天精、氣、神有迹，先天元精、元氣、元神無形；後天精、氣、神，生成於人成形之後，先天元精、元氣、元神存在於人成形之先。先天一有染著，即落於後天。然無論先天、後天，精、氣、神三者相互依存，相抱相紐而不可分。雖曰三品，實則一存俱存，一失俱損。仙家工夫，雖曰煉精、煉氣、煉神，然僅是工夫境界不同，非有層次可分。煉精，實則煉氣、煉神亦在其中；煉氣，煉精、煉神亦在其中；煉神，煉精、煉氣亦在其中。善於運用者，則不分煉精、煉氣、煉神。煉精、煉氣、煉神，只是方便說法。故黃元吉曰：「三元混合於一鼎，一鼎烹煉乎三元，名曰煉精，實則神、氣俱歸一竅。」其法則爲：「興工之始，必垂簾塞兑，凝其神，調其息。」換句話說，清身落坐，兩目垂簾，收視返聽，神不外馳，呼吸調勻，即可「三元混合於一鼎，一鼎烹煉乎三元」，此即煉精。靜坐時久，神暢氣融，和合爲一，氣機發動，此真精發生之候，爲成仙、成人之分界。順而下之，則成後天之凡精，以之可生人；逆而上之，則化爲氣，可成仙。此後工夫，因人、因傳而異，有種種法門，然此順逆關頭，爲大關鍵。

性命雙修，務令一身内外，無處不是元精，無處不是元氣。到得精已化氣，無復有生精之時，然後精竅可閉。精非交感之精，乃先天元精也。何謂元精？此精自受生之初，陰陽二氣凝結一團，如露如珠，藏於心中，爲陰精，即天一生水是也。煉精者，必凝神於中，調息於外，到得精神團聚，氣息和平，則精自生而氣自化矣。所謂氣者，即此元精所煆煉而成也。但伏陰瞖中，恍惚杳冥，凝結一區，靜則爲氣，動則爲精。當其靜時，無形無象，只有一團溫和之意，薰蒸四體，流貫一身。及有感而動，通乎神明，參乎天地，浩然沛然，至大至剛，有包羅宇宙之概。大藥發生，急忙採取過關，服食溫養。此時淫具縮盡，陽關固閉。絶外呼吸，用内神息，不許一點滲漏。務令息息歸真，神神齊聽命，使此氣入神中，神包氣外。久之渾然無氣息往來，惟覺一點靈光隱約在靈臺之上，則元氣已化元神矣。自此氣合於漠，神凝於虛，似有似無，不内不外，以煉至虛至靈之神。神之動也，以物之感而通，非神之無故之自動也；其靜也，以物之無感而斂，亦非神之惡動常靜。其感其應，概因乎物，全不在己，所謂「常應常靜，常靜常應」、「寂寂而惺惺，惺惺而寂寂」者是，是即還虛之真諦。元神無迹，元氣中之至靈處即元神也。然必如谷之應聲，影之隨形，自然而覺，自然而知，不假一毫安排，無容一絲擬議。由此推之，視聽言動，日用事爲，無在不有元神作用。但有意者屬識神，無心者屬元神。元神、識神，所爭只在些子，學者須自審之。能以元神做主，返入虛無境地，欲一則一，欲萬則萬，神通無外，法力無邊。

——樂育堂語錄卷一

蒲團子按 「神之動也，以物之感而通，非神之無故之自動也；其靜也，以物之無感而斂，亦非神之惡動常靜。其感其應，概因乎物」頗含妙義。

丹道千言萬語，不過「神」「氣」二字。始而神與氣離，我即以神調氣，以氣凝神，終則神氣融化於虛空，結成一團大如黍米之珠，懸於四大五行不著之處。

——樂育堂語錄卷一

若欲脱諸一切，非先致養於靜，萬不能取機於動，返我生初元氣。但此個動機，其勢至微，其氣至嫩，稍不小心，霎時而生癸水、變經流，爲後天形質之私，不可用矣。由此一動之後，採不失時，則長生有本，大丹有根。如執所有而力行之，篤所好而固守之，雖得藥有時，成丹可俟，無如沖氣至和，而因此後之採取不善、烹煉不良，一團太和之氣遂被躁暴凡火傷之。道本至陽至剛，必須忍辱柔和，始克養成丹道。道雖有氣動，猶是無中生有。有而不以弱養之，則不能返於虛無之天，道又何自而成乎？

——道德經講義第四十章

打坐之初，必先寂滅情緣，掃除雜妄，至虛至靜，不異癡愚，似睡非睡，似醒非醒，此鴻濛未判之氣象，所謂道也。忽焉一覺而動，杳冥沖醒，我於此一動之後，只覺萬象咸空，一靈獨運，抱元守一。觀其陽生藥產，果能蓬勃氤氳，即用前行二候法。採取回宮一候，歸爐封固一候。是即一動爲陽，陽主升；一靜爲陰，陰主降。若已大壯，始行河車運轉，四候採取烹煎，餌而服之，立乾己汞。要必本於謙和退讓，稍自矜自强之心，小則傾丹，大則殞命。

——道德經講義第四十二章

蒲團子按 「至虛至靜，不異癡愚，似睡非睡，似醒非醒」，既是坐功之要訣，亦是工夫之境界。只有用此訣，達此景，方有以後之陽生藥產、蓬勃氤氳之景，方可二候、四候採取烹煉，方能餌而服之，立乾己汞。故此數語，當爲入坐之要言。

靜坐之初，心懸於太虛，待身心安定，意氣和平，然後徐徐以意收攝，回照本宮。到得了無一物介於胸間，覺性不生，覺性不滅，了了自了，如如自如。以此求玄，則水源至清，自可爲結丹之本。一霎時間，自然性光發現，即恍恍惚惚中忽然一覺而動。由此一陽萌動，自然腎間微癢，有氤氳蓬勃之機。然微陽初動，未必即有此盛氣。只要心安意適，氣息融和。蓋人身有形有質之血，不經火煅，尚是污污濁濁一團死血。惟用神火之照，血中自生出一點真氣出來。抽添，抽即抽取水府之鉛，添即添離宮之汞。汞即心中靈液，後天中先天，從色身濁精敗血中以神火煅出而成甘露者是；鉛即血中之氣，氣即水中之金，此爲後天中先天，只可以固凡體，不可以生法身。坎離交而生出來之藥物，猶不可以作神丹。必要以性攝情，以情歸性，性情和合，同煅於坤爐之中，忽地真陽發動，此爲乾坤交而結丹，始可煉神丹爲真仙子。初關河車猶須勉强，中關河車天人合發，到得上關河車，純乎自然之天，不失其時而已。至於卯酉沐浴諸法，不過恐初學人心煩火起，行工不得，不然「若到純熟不須法」矣，總在學人神而明之可也。

——道德經講義第七十一章

耐之又耐，忍之又忍，十二時中，不起厭心，不生退志，到深造有得，居安資深，左右逢源。

——道德經講義第四十三章

凝神於虛，合氣於漠。忽焉一念從規中起，一氣自虛中來。是氣原天地人物生生之本，得之則生，失之則亡，雖至柔也，而能御至堅，雖至無也，而能宰萬有，古仙喻之曰「藥」，以能醫老病、養仙嬰也，誠爲人世至寶。凡人能得此氣，即長生可期。然採取之法，又要合中合正，始可無患。若有藥而配合不善，烹煎不良，餌之不合其時，養之不得其法，火之大小文武，藥之調和老嫩，服之多少輕重，一有失度，必如陰陽寒暑，非時而變，以致天災流行、萬物湮没矣。能識透此訣，則處處有把握，長生之藥可得，神仙之地無難矣。

——道德經講義第四十三章

神要不動不摇，心要能虛能謙，身如泰山，心似寒潭，專心一志，自然真氣衝衝直上。不似旁門，純以意思牽引。要知此氣不是外來之氣，是吾人受生之初先天一點氤氳元氣入於胞胎之中者是。只爲後天氣息用事，先天氣息蔽而不見，一朝凡息已停，真息自露。尤要知真氣既生，我家主人翁正正當當坐鎮中庭，方有主宰。故丹法云「内伏天罡，外推斗柄」，是其訣也。若藥氣已生，而行周天法工，内不伏天罡，則氣機無主，必有差度妄行之弊；若藥氣已行，外不推斗柄，仍然死守中庭，則無生發之機，猶天地以日月爲用，日月以天地爲主宰，斯爲體用俱備、本末不違也。

——樂育堂語録卷一

未至不先迎，已過不留戀，當前不沾滯，無非因物賦形，隨機應變。

——道德經講義第四十九章

學人用工，當謹守真常，善養虛無，則元神、元氣自然來歸。若起一客念，動一客氣，恐不修而道不得、愈修而道愈遠矣。

——道德經講義第四十九章

採大藥於不動之中，行火候於無爲之內。

——道德經講義第五十四章

至人以法追攝離中一點己汞，下入坎宮，薰坎宮一點陰血，猶凝冰之遇火，如炭火之熱釜，自然温暖，生出陰蹻一脈動氣來。雖然，火入水中，猶釜底加炭，熱氣薰蒸，蓬勃上騰，即真鉛生也。自此以神運之而上升泥丸，猶烤酒甑中，熱氣被火而升於天鍋，則成露珠滴入瓮中，此即真汞，又曰「忙將北海初潮水，灌濟東山老樹根」，其實氣化爲液而已。

復行歸爐温養，液又化氣。循環不已，一升一降，直將氣血之軀陰氣剥盡，凡身化爲金身，濁體變爲乾體，仍還我太極虛無、不生不滅之法身焉。

——道德經講義第六十三章

真陽發生，氣機充壯，方可進火行工。如不靜候鉛氣之動，而漫以神火升降進退、循環運轉，未有不邪火焚身、大遭困辱者。

——道德經講義第六十九章

修煉之術，别無他妙，但調其火候而已。夫煉丹有文火，有武火，有沐浴温養之火，有歸爐封固之火。此其大較也。

夫武火何以用、何時用哉？當其初下手時，神未凝，息未凝，神氣二者未交，此當稍著意念，略打緊些，即數息以起刻漏者，是即武火也。迨至神稍凝，氣稍調，神氣二者略略相交，但未至於純熟，此當有文火以固濟之。意念略略放輕，不似前此之死死執著數息，是即文火也。古云：「野戰用武火，守城用文火。」野戰者何？如兵戈擾攘之秋，賊氛四起，不可不用兵以戰退魔寇，即是武火之謂。迨至干戈寧靜，烽烟無警，又當安置人民，各理職業，雖不用兵威，然亦不可不提防之耳，此爲文火，有意無意者也。若民安物阜，雨順風調，野無鷄犬之驚，人鮮雀鼠之訟，斯可以文武火不用，而專用温養沐浴之火。温養足矣。

沐浴有二。卯沐浴，是進火進之至極，恐其升而再升，爲害不小，因之停符不用，稍爲其時也。此時雖然停工，而氣機之上行者，猶然如故。上至泥丸，煅煉泥丸之陰氣，此其時也。況陽氣上升，正生氣至盛，故卯爲生之門也。酉沐浴，是退符退之至極，恐其著意於退，反將陰氣收於中宮，使陽丹不就。學人至此，又當停工不用，專氣致柔，温之養之，以候天然自然，此即爲酉沐浴也，昔人謂之死之門。是即收斂神光，落於絳宮，不似卯門之斂神於泥丸也。然此不過言其象耳，學者切勿泥象執文，徒爲兀坐死守之工夫焉。

至歸爐封固，此時用火無火，採藥無藥，全然出於無心無意，其實心意無不在也。此即玄牝之門現其真景。然而此工夫非造到火候純熟之境，不能見其微也。

要知，陽不宜太剛，太剛則折，當以柔道濟之；陰不宜太柔，太柔則懦，須以剛德主之。卯門沐浴者，所以防陽之過剛也；酉門沐浴者，所以防陰之過柔也。若陽氣過剛，必將凡火引而至上，以爲患於上焦；陰氣過柔，必將真陽退却，而陰氣反來做主，私欲憧憧，往來無息，身亦因之懦弱不振。

進火於子，是鴻濛未判之初，混沌初分之始，其時恍惚杳冥，方是法眼正藏；退符於午，又如春生萬物，至午而極，其時生機勃發，陽氣極盛，的是正傳。若卯時沐浴者，是從子時進火起，以前陰而生陽，至此陽不多而陰不少。丹經所謂「上弦金八兩，得水中之金半斤」者，正是陰陽調和，兩不相爭也。故宜停符不運。然而陽氣猶未至於純，陰氣尚未幾乎息，不得不再運一時之火，升之直上，斯爲卯沐浴。從望六之候，漸漸陽消陰長，謂之陰符者。蓋以命繫於坎，上半月爲進爲陽；性寄於離，下半月爲退爲陰。此殆謂「潛心於淵，合氣於漠」、「動以煉命，靜以養性」。使性之虛無者，至此而入於定靜，故曰退陰符。

——樂育堂語錄卷一

工夫愈進，火候愈老。蓋先天神火既長，則後天凡火自盛。倘念不自持，或生怒心，或生恚念，或起淫心，或生貪念。種種嫉妒瞋恨，要無非後天凡火之起。此火一起，即有邪火焚身之患。修士平日修煉，只在深山靜養，不與人事。及至出而和光，竟自一爐火起，而萬斛靈砂立地傾矣。所以不專在靜處修，而必於市廛人物匆匆之地煉也。夫未經收養之火，還不見大害。若收之至極，藏之愈深，自與火微之日大不相同。或一身抽搐，或六腑動移，或五官發現有象有聲。只要真氣游行，此神能定，足矣，切不可因其有動，遂行驚訝。總是一個不動心，不理他，愈加十分持養，十分謹慎，務期煉而至於死地可也。他如接人應物，一切事爲，當行則行，當止則止，已經定意，不必三心。即錢財之出，不允則已，允則一諾千金，無有移易，以免外侮之來而心不寧，内念之起而心亦怍。此亦除煩惱之一法。蓋煩惱即火，火起傷丹，勢不能兩立也。

——樂育堂語錄卷一

元神者，修丹之總機括也。藥生無此元神，是爲凡精，無用，不能結胎；還丹無此元神，是爲幻相，不能成嬰。所謂烹煉陽神者，即此元神採而服之，日積月累、日充月盈而成之者也。可知，煉丹者，即煉此元神一味爲之主也。然此是上上乘法，以成金液大還之丹者。若中、下兩品，雖不全用陽神，却亦離不得陽神。若無陽神，凡精、凡氣亦不能凝結於身心，以成長生不老人仙。若最上乘法，純是陽神一件，雖不離精氣二者，然不過爲之輔助而已。雖然，此元神也，亦清清淨淨、無雜無染、一心一德之真意也。其靜也，元神主之；其動也，元神主之。及其採而藥也，亦元神爲之運用而轉旋也。

——樂育堂語錄卷二

學人欲歸根復命，惟將此心放下，輕輕微微，以聽氣息之往來。若氣太粗浮，則神亦耗散，而不得返還本竅，爲我身之主宰。若聽其氣息似有似無，則凡息將停，胎息將現，而本心亦可得而見矣。苟不知聽息以收心翕氣，則神難凝，息難調，而心息亦終難相依。此聽息一法，正凝神調息之妙訣也。

修養一事，坐下存神入聽，務將萬緣放下，然後垂簾塞兑，回光返照於玄玄一竅之中。始而神或不凝，息或有粗，不妨以數息之武火微微壹其志、定其神。如是片晌，神凝息定，然後將心神放開，不死死觀照虛無一竅，惟存心於聽息。此個「聽」字，大有法機。莊子云：「壹若志，無聽之以耳，而聽之以心；無聽之以心，而聽之以氣。」要知，此氣不是口鼻之氣，不是腎間動氣，更不是心中靈氣。此氣乃空中虛無元氣，生天生地生人生物者，此也。惟能存心於虛無一氣，此心此神即與太和元氣相往還，所謂「神氣合一，烹煉而成丹」也。我須於混沌中落出先天一點真意，以之翕聚元氣，是元神與元氣相交，而大道可成。苟有粗息，我即輕輕微微將此凡氣收斂至靜。到凡息已停，不問他元氣動否，而元氣自在個中矣。我當凝神以正，抱意以聽，此亦陰陽交媾之一端也。況乎下手之時，口鼻眼目之竅皆能固閉，獨有這個耳竅尚未盡閉。我一心以聽，即耳竅常閉而眾竅無音矣。此年聽法，第一修煉良法。如此久聽，自然真陽日生，而玄牝現象矣。

聽氣一法，亦是一個名目，要不過教人三寶閉塞，全無一點浮游之氣著於外，所謂「真氣半點不滲漏，而大丹可凝」者，此也。亦要知得「聽而無聽」法則。若一著於迹、著於意，即落邊際方向，不可以言本來之道矣。要不過凝神於虛，合氣於漠，常惺惺天，活潑潑地，一身無處不照，却一身並無所照，斯道得矣。

——樂育堂語錄卷二

蒲團子按　此皆言聽息之法。莊子書中之心齋工夫，楞嚴經中之耳根圓通法門，即此。陳攖寧先生嘗在靜功療養法之後附有莊子心齋一法之詳細解釋，胡海牙老師因之而發揮聽皮膚一法。其要爲「聽止於耳，心止於符」，不著於聽，不著於息，方爲合法。

鼻竅，是從父母媾成一團之際，氤氤氳氳中，那個精血肉團有一綫如絲包於周身，此時借母之氣漸吹漸長，竟成任督二脈，先生兩個鼻竅，故古人謂鼻爲始祖是也。自生身下地，另開門户，別立乾坤，而呼吸從此起。此時先後二天之氣猶合爲一也。迨知識開而私欲起，扞格於外，純是一團躁急之氣，而天地清空之氣自此漸相違矣。所以年少日長、及壯則消者，職此故也。視鼻端，其即仿天地生物之理，逆而修之於身，以成長生不老之仙。

要知是法也，非理也。須要有視無視、有心無心出之，斯得其宗旨矣。

——樂育堂語錄卷二

蒲團子按　鼻竅生成之論未必合乎現代科學，但對觀鼻端法的解釋却頗有意義。

修道人須先曉兩重天地，兩個陰陽，方好興工。兩重天地者，即先天、後天。兩個陰陽者，如打坐時，必向後天色身上有可以爲依傍者下手。夫一呼一吸，即陰陽也。陰陽原一氣，一氣散而爲陰陽。此凡陰凡陽也。學人打坐，必先調外呼吸，以引起真人元息。調外呼吸，必先以意爲主。正心誠意爲修煉之本也。調此呼吸，以目了照於丹田中，以息下入陰蹻，提起陰蹻之氣上入黄庭，又以息引起絳宫之陰精下會丹田。此亦凡陰凡陽也。久之，陰精與陽氣兩相交融，凝於丹田土釜之中，自然陰精化爲真陽之精，凡氣化爲真陰之氣，蓬蓬勃勃，充周一身，此即真陰真陽，與元氣不相遠也。要知元氣本無形狀，其蓬蓬勃勃者，亦是真陰真陽之氣，非天然元氣。若謂天然元氣，去道遠矣。要知此中安閒恬靜者，即是元氣來歸。不離陰陽，亦不雜陰陽。每坐一次，務要有安然天然自得光景，方見本來面目，不可執著元氣竟如一物可也。

——樂育堂語錄卷二

後記

黃元吉先生的文章，因爲是講義性質，且聽講者程度高低不一，故文字通俗，內容淺顯易懂，不需要進行過多的註釋或解釋成白話文體裁。當日我所摘錄者，以與仙學修煉密切的內容爲主。因爲同樣一個法門，在不同的修煉者身上，會有不同的效驗，也會有不同的成就，故對於效驗、成就之類的內容，基本不予收錄。

黃元吉道德經講義、樂育堂語錄二書，內容豐富，其中有精確不移者，也有值得商榷者，還有一些小法小術。非是黃元吉丹法本身的問題，而是其面對的聽講者層次不一，故不得不趨向於大眾都聽得懂。

陳攖寧先生對黃元吉的方法較爲推崇，認爲其是「非南非北派」，方法穩妥無弊端。尤其對其論述「玄關一竅」頗爲讚許。陳攖寧先生當日雖有對黃元吉學說鈎玄提要之意，然最終未能完成。我此次整理筆記，認爲陳攖寧先生當年未能完成的原因，除了社會因素外，恐怕主要還是因爲黃元吉著述對口訣透漏太過明顯有關。此篇雜記，我原計劃在筆記的基礎上，再做一番刪削、合併、串述，也因爲此種原因，最終放棄。

本篇雜記，共分爲六個部分。所摘錄之内容，基本上都是有獨特見解，或有具體行持方法者。凡重復内容，小法小術，見解不高者，均不收錄。其中，修學須知，主要收錄道德修養、學道須具備的見識等内容；大道根源，主要收錄理論性的内容；修煉規程，主要收錄正式做工夫時須要瞭解的内容；玄關一竅，主要收錄論述玄關一竅、玄牝之門的内容，其中部分内容頗爲重要；治身原理、行功法要，雖然分爲二節，實則均爲做工夫的緊要内容。部分内容後附有我之按語，僅是一己之見，供閱讀者參考而已。

本篇所收錄内容，依我之見，實修已足够應用。特别是對於初涉仙學者，理論完備，方法明確，依之入手即可。至於深層内容，則須「尋師親口說」了。

乙未年七月廿八日蒲團子於存真書齋

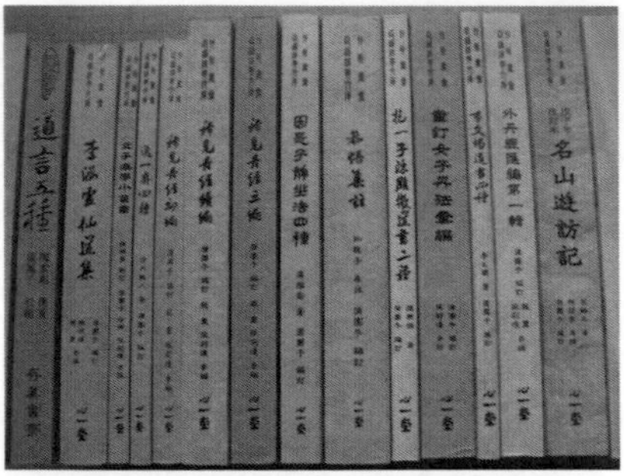

存真书斋仙道经典文库

胡海牙文集

龙虎三家「丹法」析判